L'enjeu des retraites

Ce livre est le deuxième de la collection « Travail et salariat », dirigée par Bernard Friot.

DÉJÀ PARU
Nicolas Castel, *La Retraite des syndicats*, 2009.

Cet ouvrage a été conçu dans le cadre des recherches de l'Institut européen du salariat (IES), réseau de chercheurs en sciences sociales attachés à l'analyse sociologique, politique, économique, historique et juridique du salariat.

Le salariat est défini par ses institutions constitutives comme la sécurité sociale, la qualification personnelle, la socialisation du salaire, l'ordre public social qui l'ont sorti de sa réduction à une relation de subordination. Transposés dans les autres dimensions de la vie en société, ces outils d'émancipation peuvent mener le salariat, né dans le capitalisme, à un dépassement de celui-ci.

L'Institut européen du salariat publie des ouvrages chez différents éditeurs, ainsi qu'une note mensuelle et des documents téléchargeables sur le site www.ies-salariat.org.

Maquette d'après François Féret

L'enjeu des retraites

Bernard Friot

« Travail et salariat »

La Dispute

Du même auteur

La Construction sociale de l'emploi en France, des années 1960 à aujourd'hui, avec José Rose, L'Harmattan, Paris, 1996.

Puissances du salariat. Emploi et protection sociale à la française, La Dispute, Paris, 1998 (épuisé).

Et la cotisation sociale créera l'emploi, La Dispute, Paris, 1999 (épuisé).

Wage and Welfare: New Perspectives on Employment and Social Rights in Europe, avec Bernadette Clasquin, Nathalie Moncel et Mark Harvey, PIE-Peter Lang, Bruxelles, 2004.

« Salariat. Pour une approche en termes de régimes de ressources », *in* François Vatin (sous la direction de), avec la collaboration de Sophie Bernard, *Le Salariat. Théorie, histoire et formes*, La Dispute, Paris, 2007.

ISBN : 978-2-84303-163-2

Pour Françoise
Pour Samuel, Jean-Baptiste,
Timothée et Rémy

Introduction

L'affaire semble entendue et ne pas souffrir de débat : il y a un problème des retraites. Un problème démographique, d'abord : avec le passage d'un actif pour un retraité à un pour deux d'ici cinquante ans, la question ne serait « ni de droite ni de gauche, mais arithmétique », comme dit Mme Parisot. Un problème comptable, ensuite : les déficits actuels et surtout prévus seraient tels qu'il faudrait dans l'urgence « sauver le régime par répartition » en réduisant ses prestations, à « compléter » par de la capitalisation. Un problème moral, enfin : il faudrait rétablir l'« équité intergénérationnelle » car nous serions en train de nous constituer des droits qui obligeront nos enfants à nous payer dans l'avenir des pensions d'un trop fort niveau compte tenu de ce qu'ils pourront produire. Et Mme Parisot n'est pas la seule à nous le dire : les gouvernements successifs de droite et de gauche nous le disent depuis vingt ans, les experts nous le répètent de rapport en rapport, et le consensus est partagé.

C'est précisément le caractère si consensuel de ce discours qui devrait nous alerter. Il y a quelque chose qui cloche dans cette affaire, comme dans une affaire criminelle dont la résolution, rondement menée, laisse perplexe. Des indices ?

Pourquoi ne sauve-t-on pas les retraites de la même manière qu'on a sauvé les banques ? On vient de sauver les banques en leur donnant de l'argent, beaucoup d'argent d'ailleurs, tandis que, pour « sauver » les retraites, depuis vingt ans on ne fait que leur ôter de l'argent, principalement par le gel du taux des cotisations patronales. N'est-ce pas étrange ? L'hôpital public aussi, on le sauve à coups de fermetures d'établissements et de suppressions de postes, de même qu'on « sauve » les emplois de tant d'entreprises en en supprimant une partie et en réduisant le salaire des restants. Sauver par la saignée : Molière nous a appris à nous méfier de ces dangereux médecins et de leurs prétendus remèdes. D'autant plus qu'il y a trente ans que cette thérapeutique dure et que nous voyons bien que ces sauvetages ne sauvent que les actionnaires.

Un problème qui ne serait ni de droite ni de gauche, mais seulement arithmétique ? Imaginons le ridicule de Mme Parisot prédisant, en 1900 : un Français sur trois travaille aujourd'hui pour l'agriculture ; or, il n'y en aura plus qu'un sur trente en 2000, donc la famine en France en 2000 est inévitable, ce n'est un constat ni de droite ni de gauche, mais arithmétique. En cinquante ans, la production double avec le même nombre d'actifs, et l'arithmétique de Mme Parisot relève du café du commerce… N'est-ce pas plutôt que son arithmétique est au contraire très politique, et que, pour elle, les gains de productivité doivent continuer indéfiniment à aller aux seuls actionnaires, comme c'est le cas depuis trente ans ? Et ce pour notre plus grand malheur collectif, puisque c'est l'origine des bulles spéculatives que l'on veut nous faire payer au prix fort.

De moins en moins de droits dans un pays de plus en plus riche ? L'esprit le moins prévenu est troublé par l'espèce de schizophrénie des prévisions, selon leur objet. D'un côté, la révolution informationnelle et les énormes gisements de productivité augurent d'une forte dynamique de long terme, même si la crise actuelle assombrit le moyen terme, et, de l'autre, les droits sociaux doivent être réduits. Au point que l'on inverse le mouvement séculaire du « travailler moins pour gagner plus » : curieusement, il faudrait « travailler plus pour gagner plus ». Où est l'erreur ?

De la capitalisation pour compléter la répartition ? Là encore, comment ne pas relever que, dans le même discours, un ministre ou un économiste bien en cour peut nous vanter l'effet bénéfique de la répartition dans la crise, reconnaître le côté roulette russe de la capitalisation en matière de pensions... et conclure par la nécessité de réduire la répartition, qui, à l'horizon de 2050, ne devrait plus remplacer le salaire au mieux qu'à hauteur des deux tiers (et cela uniquement à condition de travailler six ans de plus, sinon le taux de remplacement tombe en dessous de 50 %), le reste devant relever... de la capitalisation. Cette obstination dans l'irresponsabilité de personnages qui ont pourtant l'air d'être sérieux intrigue.

Pour qui le bonheur et la liberté au travail sont-ils un « problème » ? Dans notre expérience quotidienne, nous saluons les nouveaux retraités par des félicitations envieuses plus souvent que par des discours de compassion devant le malheur qui les attend. Les voici désormais avec le bonheur d'un salaire à vie et avec la liberté d'activités libérées de la subordination. Car s'ils sont en bonne santé, si leur pension n'est pas trop éloignée de leur salaire d'activité, s'ils ont un réseau social porteur de projets, ils sont actifs. Ce sont ces retraités qui le disent : ils « n'ont jamais autant travaillé », ils « n'ont jamais été aussi heureux de travailler ». Certes, il ne s'agit là que d'une (forte) minorité mais, sur les bientôt quinze millions de retraités, cela fait du monde ! Cela en fait des enfants qui voient leurs grands-parents heureux au travail alors qu'ils constatent que souvent leurs parents, eux, le vivent partagés entre l'amertume, l'angoisse et la rage. Et si la réforme des pensions avait à voir avec cette expérience contradictoire du bonheur et du malheur au travail ? Si l'expérience de ce bonheur et de cette liberté au travail des retraités, parce qu'ils sont libérés des employeurs et des actionnaires, était reprise et érigée en revendication politique majeure ? Ne trouvez-vous pas très curieux que la retraite, qui constitue sans doute la plus grande réussite sociale des dernières décennies, ne soit objet de débat public que sur le registre négatif du « problème » ? Quand ceux qui nous dirigent font de notre bonheur un problème, est-ce un problème pour nous ou pour eux ? Et qu'avons-nous à gagner à partager leur diagnostic ?

Justice pour nos enfants ? Si l'on en croit le consensus réformateur, une retraitée qui peut exercer ses fonctions d'élue municipale grâce à sa pension de 1 200 euros par mois, un retraité qui peut produire des fruits, des légumes et des fleurs en cultivant son jardin grâce à sa pension de 1 600 euros par mois seraient des improductifs qui ponctionnent 2 800 euros sur notre richesse commune ![1] Alors qu'un publicitaire payé dix fois plus pour concevoir une campagne de communication justifiant la privatisation de La Poste y contribuerait, lui, pour 28 000 euros. Et si, en réalité, c'était le contraire ? Si les 2 800 euros de pension correspondaient à la richesse supplémentaire créée par l'élue municipale et le jardinier, tandis que les 28 000 euros du publicitaire seraient de la richesse gâchée génératrice de coûts sociaux liés

1. En 2004, dernière année connue, la retraite moyenne brute s'élevait à 1 636 euros pour les hommes et à 1 020 euros pour les femmes.

au recul d'un service public ? Mais alors, si les pensions reconnaissent la richesse créée par les pensionnés, ce ne sont pas les enfants qui payent les pensions de leurs parents. Si les retraités ne sont pas d'anciens actifs jouissant d'un loisir bien mérité mais des actifs d'un nouveau genre, inventant une façon de travailler libérée du marché du travail et des employeurs, alors l'invocation bien-pensante de la « charge pesant sur nos enfants » et de l'« équité intergénérationnelle » ne serait-elle pas tout bonnement réactionnaire ?

Et si, à partir de ces indices troublants et des questions qu'ils appellent, on pouvait déconstruire tout l'argumentaire réformateur ? En le critiquant, nous montrerons qu'il s'appuie sur des préjugés dont l'abandon ouvre à la compréhension de l'enjeu des retraites. Cet ouvrage s'interroge sur la raison de l'incontestable réussite de notre système de pensions. Il montre comment nous pouvons vaincre la réforme en poursuivant, en pensée et en pratique, le mouvement historique qui l'a édifié. Et il définit les moyens de le porter, aujourd'hui, à un niveau supérieur.

Poids relatif des différents régimes dans les dépenses de pensions en France (2006)

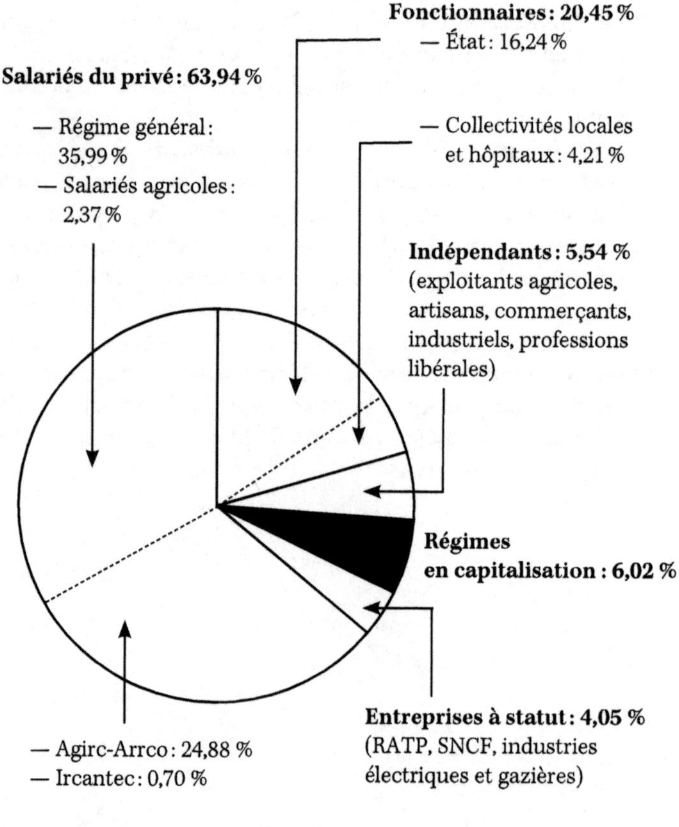

Le système français est particulièrement simple :
- six régimes représentent 90 % des dépenses ;
- la répartition représente 94 % des dépenses.

Chapitre premier

Les retraites, une réussite historique à contre-pied du capitalisme

Ce chapitre présente les éléments factuels et théoriques indispensables à la compréhension de l'enjeu des retraites. Soit, successivement, une brève histoire des pensions montrant comment elles se sont progressivement construites comme une continuation du salaire, puis un premier aperçu théorique sur la nouveauté inouïe que représente une telle continuation, et enfin une synthèse des éléments essentiels de la réforme poursuivie avec une grande continuité par les gouvernements français successifs depuis 1987. La nécessaire brièveté de l'évocation historique peut rendre le premier point complexe pour un lecteur ignorant tout des régimes de retraite : qu'il se rassure, les choses seront plus simples ensuite ! Mais un détour historique est nécessaire pour commencer à modifier le regard que les réformateurs nous ont habitués à porter sur les retraites. C'est seulement à partir du rappel du mouvement qui a conduit au système de retraite actuel et à sa réussite, tant politique qu'économique, qu'on peut comprendre les objectifs de la réforme et ceux qu'on peut lui opposer pour prolonger un mouvement qu'elle tente d'interrompre.

Une brève histoire des pensions avant la réforme

L'histoire contemporaine des pensions commence en suivant deux lignes opposées, l'une de continuation du salaire, l'autre d'épargne retraite, qui vont se rapprocher progressivement au bénéfice de la première.

Traitement continué contre épargne retraite

La première est celle du « traitement continué » de la fonction publique : les premiers retraités, au sens contemporain du terme, sont les fonctionnaires. Selon la loi du 9 juin 1853, les pensions des fonctionnaires sont acquises sous une double condition de durée du service (30 ou 25 ans selon son caractère « sédentaire » ou « actif ») et d'âge (60 ou 55 ans). Elles sont calculées sur la base du salaire moyen des six dernières années d'activité, à raison de 1/60 de cette référence par année de service « sédentaire » (1/50 en cas de service actif[1]). Il n'y a pas de cotisation (juste une « retenue » pour alléger la subvention budgétaire) ni de caisse : l'État continue à payer ses anciens serviteurs, notamment pour éviter que leur misère ne donne de lui une piètre image, mais surtout parce que le traitement des fonctionnaires n'est pas la reconnaissance de leur emploi mais celle de leur qualification. Car depuis 1831, comme nous le verrons plus loin, la fonction publique est entrée dans un mouvement de reconnaissance des droits des agents sur la base de leur grade et non de leur poste : si le retraité n'a plus de poste, il conserve son grade, attaché à la personne du fonctionnaire, et donc le traitement, lié au grade, se poursuit.

1. C'est ce taux de 2 % par année de service qui finalement s'imposera jusqu'à la réforme.

Le mode de calcul de 1853 va se révéler très robuste. Il sera certes controversé jusqu'au début du XXe siècle au nom de la légitimité de la seule prévoyance pour fonder les pensions, mais en vain. En revanche, l'inflation structurelle née de la Première Guerre mondiale pose deux questions, celle de l'indexation des salaires de référence et celle de l'indexation des pensions liquidées[2] : au 1er janvier 1919, la moyenne des salaires nominaux de 1913 à 1918 servant de base à la liquidation d'une pension ne représente pas grand-chose, tandis qu'une pension liquidée en 1910 ne vaut plus rien. Ces deux questions donneront lieu à de nombreux conflits jusqu'à la loi de 1948. La première, l'indexation des salaires de référence, sera résolue en réduisant la période du salaire de référence des six dernières années aux six derniers mois. La seconde, l'indexation des pensions liquidées, le sera par la disposition du code des pensions selon laquelle les pensions sont en permanence revalorisées selon la valeur courante de l'indice qui a servi à leur calcul. Si bien que les pensions obéissent au même mouvement que les points d'indice salariaux: elles sont bien du salaire continué. Ce modèle de la fonction publique sera transposé dans les entreprises à statut (SNCF, EDF-GDF, pour prendre les plus importantes) ; la pension à EDF est d'ailleurs désignée comme un « salaire d'inactivité ». Comme remplacement du meilleur salaire de la personne, indexé sur le mouvement moyen des salaires, il servira d'horizon pour les salariés du secteur privé qui tenteront, avec succès, de s'en approcher alors qu'ils étaient partis de fort loin avec l'épargne retraite.

La seconde ligne de l'histoire contemporaine des pensions est en effet celle de l'épargne retraite, qui

2. Liquider sa pension, c'est faire valoir ses droits à retraite. Le terme vient du vocabulaire de l'épargne – on liquide son épargne en la convertissant en monnaie – parce que, sauf pour la fonction publique, les pensions sont nées selon la technique de l'épargne retraite.

restera exclusive dans le secteur privé jusqu'en 1941. Elle est ouverte en 1850 par la loi créant auprès de la Caisse des dépôts une Caisse nationale des retraites garantissant le rendement de l'épargne placée dans les caisses d'épargne en vue de la retraite. Mais le public populaire visé par ce dispositif ne sera pas atteint, faute d'avoir de quoi épargner, et les « retraites ouvrières et paysannes » de la loi de 1910 échoueront également. Les quelques régimes d'entreprise ou de branche créés sur initiative patronale dans les mines, les chemins de fer ou la métallurgie ne seront dépassés par le dispositif général des assurances sociales qu'en 1930, du moins pour les salariés les moins payés, puisque, pour les collaborateurs payés au-dessus du plafond d'affiliation aux assurances sociales, ce sont des régimes facultatifs d'entreprise qui continuent à exister sous la forme de contrats d'assurance-groupe.

La loi de 1930 sur les assurances sociales distingue deux parts inégales dans la cotisation vieillesse : la plus grande va à des comptes individuels fonctionnant selon le principe de la capitalisation, et la plus petite à une distribution immédiate d'allocations forfaitaires. Le gouvernement de Vichy, en 1941, gèle les premiers et affecte toute la cotisation à une « allocation aux vieux travailleurs salariés » (AVTS). Après avoir annoncé depuis Alger qu'il rétablirait la capitalisation, le gouvernement provisoire entérine la décision de Vichy, en 1945, mais ne revalorisera pas l'AVTS, tandis que s'affirmeront, encore que très lentement jusque dans les années 1960, des pensions en répartition calculées selon la règle suivante : salaire de référence[3] × (trimestres validés /

3. Dans le régime général créé en 1945, le plafond d'affiliation des assurances sociales de 1930 est transformé en plafond de cotisation : tout le monde est affilié mais ne cotise que dans la limite d'un plafond. De ce fait, les pensions sont calculées sur la base d'un salaire de référence plafonné.

carrière complète) × taux[4]. Le mouvement des pensions sera donc réglé par les modifications portant sur le salaire de référence (plafond, nombre de salaires pris en compte), la validation des trimestres, la définition d'une carrière complète et le taux.

Durant toutes les années 1950, l'opposition frontale du patronat au régime – parce qu'il est administré par une majorité (75 %) de salariés élus tous les cinq ans, au cours d'élections à grande portée politique qui lui donnent une très forte légitimité – fera que les cotisations n'augmenteront pas. Le régime général est ainsi fragilisé, d'autant qu'en 1945, malgré l'insistance de la direction confédérale de la CGT, ses fédérations les plus syndiquées (cheminots, énergie, entre autres) ont refusé d'y entrer, tandis que les fonctionnaires conservent leur régime spécifique : autant de forces qui manqueront ensuite pour la promotion du régime général. À cette absence s'ajoute le refus des indépendants, qui créeront des régimes spécifiques en ordre dispersé et dont les pensions en répartition, faute de cotisations suffisantes, sont durablement faibles. En même temps, au Parlement et dans la haute fonction publique, la pression pour un « service public » de pensions forfaitaires à l'anglaise complétées par des pensions professionnelles, sur le modèle beveridgien présenté comme supérieur au modèle bismarckien[5], ne cesse pas. Ainsi est créé

4. Faible au départ, il sera fixé en 1972 à la fourchette 0,25-0,5 (0,5 étant dit « taux plein » : la pension du régime général ne peut donc pas dépasser un demi-plafond dans le cas d'un salarié à carrière complète. Le taux est « plein » à 65 ans, et réduit d'une décote de 10 % par année séparant l'âge de liquidation des 65 ans, avec un âge plancher de 60 ans, d'où un taux de 0,25 à cet âge).

5. Beveridge, dans un célèbre rapport rédigé pendant la Seconde Guerre mondiale, promeut un système à deux étages, l'un universel et forfaitaire, l'autre d'entreprise et facultatif ; Bismarck, chancelier allemand, est à l'origine à la fin du XIXe siècle des premiers systèmes interprofessionnels à un seul étage (ouvriers, employés, fonctionnaires, indépendants)

en 1956 un « Fonds national de solidarité » (FNS) financé par l'impôt, certes dédié au départ à un « minimum vieillesse » mais salué comme premier pas vers une pension publique universelle. Tandis que le patronat trouve dans FO et la CFTC[6] des partenaires prêts à la mise en place de régimes paritaires professionnels concurrents du régime général qui aboutiront en 1961 à la création de l'Arrco (Association des régimes de retraite complémentaire). Contrairement au régime général, qui assure des pensions référées au salaire, l'Arrco assure des pensions référées aux points accumulés dans des comptes individuels : le régime joue donc sur la valeur d'achat du point (lors de la transformation des cotisations individuelles en points portés sur les comptes) et sur sa valeur de service (lors de la conversion des points accumulés en pensions). Jusqu'à la réforme, qui gèle les taux de cotisation, le régime général est donc « à prestations définies » (la cotisation s'ajuste pour honorer la garantie d'un pourcentage du salaire) et l'Arrco « à cotisations définies », mais, même si la règle de calcul des pensions ne donne aucune garantie sur les prestations, ses administrateurs haussent les

financés par cotisation assise sur le salaire. Dès 1945, le modèle beveridgien est célébré comme démocratique (car fondé sur la citoyenneté du régime public universel) et le modèle bismarckien dénoncé comme corporatiste. Gøsta Esping-Andersen donnera ainsi en 1990 à cette représentation péjorative du modèle salarial un habillage scientifique dans *The Three Worlds of Welfare Capitalism* (Polity Press, Cambridge). Le modèle bismarckien sera la matrice de la pension comme salaire continué par croissance de la cotisation sociale et homogénéisation des régimes interprofessionnels, tandis que le modèle beveridgien, du fait de la faiblesse de la pension forfaitaire et de l'étroitesse de la base des régimes d'entreprise, conduira à compter des années 1970 aux fonds de pension, vecteurs de la spéculation financière.

6. FO, née en 1948 d'une scission de la CGT, cherche à se créer un espace ; la CFTC n'est pas encore déconfessionnalisée, ce qui sera fait en 1964 lors de sa transformation en CFDT.

taux de cotisation de sorte que de fait les pensions représentent un certain pourcentage du salaire.

La pension: salaire ou prévoyance?

L'Arrco est, pour les non-cadres au départ, une copie, divisée en régimes professionnels, de l'Agirc (Association générale des institutions de retraite des cadres) qui, elle, est un régime complémentaire national né au moment de la création du régime général. Nous avons vu que les collaborateurs dont le salaire excédait le plafond d'affiliation aux assurances sociales de 1930 relevaient pour la santé et la vieillesse de régimes d'entreprise. En 1945, ils sont affiliés au régime général de sécurité sociale et, outre la nécessité de les rebaptiser à la hâte (on importera du vocabulaire militaire le terme de «cadres»), s'impose la création, en matière de pensions[7], de dispositifs complémentaires qui garantissent le remplacement du salaire au-delà du plafond de cotisation. Il aurait pu s'agir de la poursuite de contrats d'entreprise en capitalisation, mais les cadres vont refuser énergiquement cette solution et revendiquer un régime national en répartition, seul en mesure d'assurer une reconstitution de carrière et donc des pensions de retraite complètes dès sa création: il suffit en effet de porter le taux de cotisation à un niveau adéquat pour que soient possibles des pensions nées de la reconstitution de carrière (et non pas de cotisations antérieures qui par définition n'existaient pas, faute de régime). Le mode de calcul étant le système de points, la reconstitution de carrière permet donc d'établir les comptes individuels de points qu'auraient eu les cadres partant à la retraite s'ils avaient cotisé,

7. En matière de santé, le nouveau régime général assure pratiquement les mêmes prestations que les régimes d'entreprise des ex-collaborateurs, et le plafond ne joue que pour les indemnités journalières. D'où l'inutilité d'un régime complémentaire.

et c'est ainsi que l'Agirc versera très longtemps des pensions ne correspondant, pour tout ou partie de leur montant, à aucune cotisation préalable.

Arrêtons-nous sur ce dispositif qui témoigne, comme d'ailleurs tous les autres, du caractère pragmatique de la construction de notre système de protection sociale. L'Agirc présente deux caractéristiques totalement contradictoires. D'un côté, les pensions sont bien la reconnaissance de la carrière des intéressés, donc de leur qualification et de leur salaire, et non pas la contrepartie de leurs cotisations, inexistantes. Mais, de l'autre, ce caractère salarial de la pension Agirc, qui sera concédé par le patronat aux cadres et refusé aux ouvriers et employés du régime général, pour lesquels aucune reconstitution de carrière ne sera possible, est en même temps nié par un mode de calcul de la pension qui, étant par points cumulés dans des comptes individuels, fait comme si la pension était le revenu différé de cotisations préalables. La pension est-elle donc du salaire ou de la prévoyance ? Le critère qui prévaut est-il le *taux de remplacement* du salaire par la pension ou le *taux de rendement*[8] des points accumulés ? Le régime repose sur une ambiguïté qui peut se révéler un enjeu politique décisif aujourd'hui si la pression réformatrice pour la seconde branche de l'alternative ne trouve pas en face d'elle une claire promotion des pensions comme salaire continué. De ce point de vue, défendre « la répartition à prestations définies » est tout à fait insuffisant pour s'opposer à la réforme, qui ne peut être contrée que par la promotion de la poursuite de la qualification personnelle et du salaire dans la pension.

Quoi qu'il en soit de cette ambivalence, la naissance de l'Agirc en 1947 a ceci de décisif qu'elle fait basculer

8. Alors que le taux de remplacement est le rapport de la première pension nette sur le dernier salaire net d'un salarié, le taux de rendement est le rapport entre ses pensions et ses cotisations.

du côté de la logique de la répartition la fraction la plus qualifiée des travailleurs, jusqu'ici très liée à la capitalisation, ce qui donne une grande légitimité à la pension de sécurité sociale, et qu'elle rend difficiles pour les employeurs, et inutiles pour les cadres, des régimes professionnels ou d'entreprise qui, dans les autres pays du monde, seront la matrice des fonds de pension. Cet évitement de l'épargne lucrative se double de celui de l'impôt : de Gaulle, à son retour au pouvoir, en 1958, tente bien de poser la sécurité sociale comme service public, mais dès le début des années 1960 la rigueur budgétaire aura raison du projet, au point que le financement du minimum vieillesse du FNS sera confié... au régime général, s'agissant de ses ressortissants. Les décrets de 1960 et les ordonnances de 1967, en marginalisant les syndicats dans la gestion du régime général, donnent raison au patronat, qui sera moins acharné dans le gel des cotisations.

La hausse des taux de cotisation au régime général et l'obligation des régimes complémentaires conduisent à une nette revalorisation des pensions dans les années 1970 : enfin, les catégories populaires accèdent à une pension qui ne les oblige pas à prendre un petit boulot le lendemain de leur entrée en retraite car le taux de remplacement des pensions s'est amélioré. Les « vieux » ouvriers ou employés sont devenus des retraités salariés. Et ils accèdent plus tôt à cette pension qui, indexée sur le mouvement général des salaires, prolonge le leur : l'ordonnance du 26 mars 1982, en rendant possible sans décote[9] la liquidation de leur retraite à 60 ans

9. Rappelons que la décote est une pénalité très lourde qui réduit définitivement la pension du régime général de 10 % par année d'anticipation de la liquidation avant 65 ans. Elle joue sur le « taux » : « plein » à 65 ans (soit 0,5 : la pension est la moitié du salaire plafonné si la durée de cotisation est maximale), il est réduit de moitié à 60 ans : le retraité qui liquide sa retraite à 60 ans touche alors à vie au plus le quart et

pour les salariés ayant ce qu'on appelle une « carrière complète »[10], transforme en retraités les chômeurs de plus de 60 ans qui, depuis 1972 (en cas de licenciement) ou 1977 (en cas de démission), bénéficiaient entre 60 et 65 ans de la garantie de ressources, soit 70 % de leur salaire brut versé par l'Unédic. Ce qu'il est convenu d'appeler « la retraite à 60 ans » est ainsi la dernière d'une succession ininterrompue depuis le XIXe siècle de mesures toujours plus favorables au remplacement du salaire par une pension.

Les dix années qui suivent voient se succéder des mesures contradictoires. Certaines s'inscrivent encore dans la poursuite de ce mouvement séculaire : la mensualisation des versements en 1986, l'assujettissement à l'Agirc des salaires supérieurs à quatre fois le plafond en 1988, l'amélioration des taux de cotisation à l'Arrco et à l'Agirc en 1993-1994. Mais c'est aussi l'époque des premières mesures visant à le stopper. C'est en 1987 que Philippe Seguin, alors ministre des Affaires sociales du gouvernement Chirac de cohabitation, pose le premier acte de ce que ses promoteurs désignent depuis comme « la réforme des pensions ». Il indexe les pensions du régime général sur les prix et non plus sur les salaires, mesure très pénalisante à la fois parce que, même avec la rigueur salariale que nous connaissons depuis 1978, les salaires augmentent plus vite que les prix (de 0,5 % par an en moyenne depuis 1978) et parce que l'indexation sur les prix vaut non seulement pour les pensions en cours, mais aussi pour leur calcul au moment de la liquidation : parmi les salaires pris en compte figurent des salaires antérieurs à 1978, lorsque les salaires

non pas la moitié de son salaire de référence. L'ordonnance de 1982 supprime la décote pour les salariés ayant validé 150 trimestres.

10. La carrière d'un salarié est « complète » s'il a validé au moins la durée maximale de cotisation.

augmentaient nettement plus vite que les prix (de 4 % par an en moyenne de 1967 à 1978, davantage encore avant). C'est cette mesure qui marque l'inflexion décisive dans l'évolution séculaire des pensions, qui n'avaient connu jusqu'alors que des réformes augmentant les droits. Une réforme qui augmente des droits, c'était un pléonasme[11], mais plus aujourd'hui : les régressions du droit à pension sont menées sous le terme générique de « réforme ». Prenons acte de ce changement du sens du mot et appelons donc « la réforme » – au singulier car toutes concourent à un projet cohérent – l'ensemble des mesures qui depuis la fin des années 1980 ont comme résultat un recul dans le montant et la nature des droits à pensions. Mais avant d'aborder la réforme, montrons la considérable nouveauté qu'apporte la continuation du salaire dans la pension.

Le salaire continué dans la pension : un trésor impensé d'émancipation du travail

Les pensions sont une réussite. Certes pas pour tous – ni surtout toutes : en témoigne le niveau moyen des pensions, et en particulier des pensions des femmes, rappelé en introduction de cet ouvrage. Mais sur plus de quatorze millions de retraités, plusieurs millions à coup sûr font l'expérience heureuse d'un salaire continué que rien ne vient remettre en cause car il est irréversible, acquis pour la vie. Cette réussite se lit à propos de la cohorte née en 1930 de l'échantillon interrégimes des retraités, la dernière donc avant que ne soient lisibles tous les effets négatifs de la réforme puisque ses membres ont liquidé leur pension entre 1990 et 1995. Le tableau de la page 27, publié en 1997, montre le taux de remplacement par leur première pension nette de leur dernier salaire

11. Depuis le début du XVe siècle, nous dit le Grand Robert, réformer, c'est « changer en mieux ».

net à temps complet s'ils ont eu une carrière complète (soit à l'époque 150 trimestres validés[12]).

Pour une carrière complète de 37,5 ans, la pension se rapproche de la continuation du salaire, et cela d'autant plus qu'indexée sur les salaires, elle progresse au même rythme qu'eux et donc maintient la parité des ressources entre actifs et retraités. Certes, tous les retraités n'ont pas une carrière complète, les femmes en particulier, mais les femmes peuvent espérer, avec l'amélioration du taux d'emploi des cohortes arrivant à la retraite dans les années 2000, une nette amélioration de leur situation. C'est elles d'ailleurs que la réforme, qui stoppe cette progression, visera en premier.

Un travail libéré de la valeur travail

Mais les pensions sont aussi un trésor impensé dont il faut pouvoir mesurer toute la radicalité. On le devine dans le bonheur de celles et ceux que l'on appelle significativement les «jeunes retraités». Quel que soit leur âge (et ils peuvent être très âgés), ils vivent la retraite en bonne santé, avec une pension proche de leur salaire et un réseau social nourri d'activités multiples: ils n'ont «jamais autant travaillé», ils n'ont «jamais été aussi heureux de travailler». Nombre de retraités en effet affirment travailler et se revendiquent non comme bénévoles[13] mais comme professionnels. Professionnels non

12. Dans le régime général, un trimestre est validé dès lors que le salaire perçu au cours des trois mois a été l'équivalent de 200 heures de smic. La différence entre «validé» et «cotisé» tient en particulier à deux choses: l'éducation des enfants valide des trimestres sans qu'il y ait cotisation; les périodes indemnisées de chômage, d'arrêt maladie, de maternité ou d'invalidité donnent lieu à cotisations par l'organisme qui verse les prestations, elles sont ainsi validées sans qu'il y ait eu cotisation par le bénéficiaire des prestations.

13. Leur pension les paie, pourquoi seraient-ils des «bénévoles»?

Taux de remplacement des derniers salaires pour les salariés nés en 1930		
Dernier salaire net à temps complet (francs 1997)	Fonction publique civile d'État	Privé (CNAV + Agirc-Arrco)
Inférieur à 7 500*	–	100 %
7 500 à 10 000	–	91 %
10 000 à 12 500	80 %	84 %
12 500 à 15 500	77 %	76 %
15 500 à 20 000	79 %	72 %
20 000 et plus	69 %	59 %
Ensemble**	77 %	84 %

Source : échantillon interrégimes des retraités, DREES, 1997.
* Les salaires terminaux de la fonction publique sont, sauf exception, supérieurs à 10 000 francs.
** Le taux de remplacement (TR) moyen du privé est supérieur à celui de la fonction publique parce que le salaire moyen de la fonction publique, qui recrute sur concours et compte peu de salariés sans qualification, est supérieur à celui du privé. Or, le taux de remplacement baisse avec le niveau du salaire. Ce tableau montre qu'en tout cas le préjugé selon lequel les fonctionnaires échangent de mauvais salaires contre de bonnes pensions est faux.

pas par un cumul emploi-pension tel que la réforme y encourage évidemment, mais en assumant comme pensionnés leur qualification. Les plus qualifiés et les mieux pensionnés d'entre eux s'organisent dans des activités publiques collectives, y compris économiques, souvent dans la continuité de leur vie de travail subordonné, mais en inventant des organisations du travail et des relations à la demande non marquées par la subordination et le marché puisque leur pension rend cela possible. Il y a trop peu de recherches pour un inventaire systématique de cette inventivité de salariés à vie.

De quelle nouveauté est précisément porteuse la pension comme continuation du salaire ? Le bonheur des retraités au travail vient de ce qu'ils touchent leur pension alors même qu'ils sont libérés du marché du travail, de la subordination à un employeur, de la production de marchandises sous la tyrannie du temps de travail : ils sont *libérés de la valeur travail.* Prévenons tout de suite un contresens possible. La valeur travail n'a strictement rien à voir avec le travail comme valeur. Quand on parle de « valeur travail », on désigne le cœur du capitalisme. Le capitalisme est cette forme spécifique d'organisation de la production qui la mesure – qui lui donne valeur – par le temps de travail moyen nécessaire. Le travail n'a pas de valeur. Il est, sous sa forme abstraite présente dans toute production, la mesure de la valeur. Les marchandises valent le temps de travail nécessaire à leur production, non pas le temps individuel, mais le temps moyen que révèle le prix auquel elles s'échangent.

Aucun autre mode d'organisation de la production que le mode capitaliste ne procède ainsi. Certaines sociétés n'ont même pas de terme générique équivalent à « travail » pour désigner les activités que nous désignons sous ce terme abstrait : ces activités n'y sont pas séparables des rapports familiaux, des rituels religieux, de l'exercice du pouvoir politique. Ainsi, au cours de l'histoire, les différentes sociétés ont pu mesurer la production par le statut social du producteur, par la gloire qu'elle procure à la cité dans sa compétition symbolique avec d'autres, par les impôts qu'elle permet au prince ou au clergé de lever, par les importations de produits étrangers qui vont pouvoir être pratiquées sur la base des biens produits pour l'exportation, et par bien d'autres critères. Mais seul le capitalisme mesure la production par le travail. Pourquoi le fait-il ? Parce qu'il s'est construit sur la base d'un rapport social nouveau, abstrait de toute considération de rapports interpersonnels familiaux, de considération d'honneur ou de rang social, d'allégeance à la divinité ou au prince (et à ce titre il joue un rôle émancipateur), et abstrait aussi de toute considération tenant à la spécificité du bien produit, à son usage : un rapport d'échange entre des vendeurs et des acheteurs de « forces de travail ». Ces forces de travail vont produire des biens et des services dont la vente permettra à leurs acheteurs de récupérer le profit. Pour qu'il y ait profit, il faut que tout, travailleurs et produits, soit transformé en marchandise, et que ce soit donc le dénominateur commun à ces marchandises, à savoir le temps de travail abstrait nécessaire à leur fabrication, qui devienne la mesure de toute chose. D'où l'emphase que met le capitalisme sur un « travail » abstrait mesuré par le temps, et la dictature du temps de travail que va introduire la compétition intercapitaliste.

Cette compétition intercapitaliste est exacerbée par la globalisation financière qui, de surcroît, en accélérant la rotation des capitaux investis dans la production, en autonomisant les centres d'accumulation du profit des lieux, forcément concrets, où celui-ci prend sa source[14], manipule les marchandises par des outils évoluant dans une abstraction permanente. Ainsi, le cours des produits agroalimentaires se fixe dans des bourses à mille lieues de leur production, dans l'ignorance des producteurs et selon des procédures abstraites applicables à n'importe quelle marchandise. Les formes de plus en plus abstraites que prend la dictature du temps de travail vont donc permettre une mise en équivalence mondiale de toutes les forces de travail, ce qui certes construit à long terme les bases d'une solidarité mondiale possible des travailleurs, mais permet à court et moyen terme une formidable pression à la baisse sur leurs droits dans les pays développés. Les dégâts que cause au travail, au statut des personnes et aux produits l'usage du temps de travail abstrait comme mesure de la valeur de la production sont aujourd'hui considérables.

14. On connaît le rêve des financiers d'une industrie sans usines.

Au *travail* d'abord. Certes, la dimension concrète du travail est toujours présente, car il s'agit bien de produire des choses utiles, mais elle est prise – et prise de plus en plus – dans le carcan du travail abstrait. Ce qui a dans les étals toute l'apparence d'une tomate est une marchandise produite hors sol, sans contact direct avec le soleil trop peu maîtrisable, sur des terres éventuellement venues d'ailleurs, par des forces de travail interchangeables selon des procédures rigoureusement identiques dans tous les coins de la planète. Toute opération téléphonique est sortie de l'entreprise où elle prenait sens (le renseignement sur un médicament chez un pharmacien, la commande d'une pièce chez un fournisseur spécialisé, la promotion d'un produit par le fabricant ou un distributeur) pour être traitée dans l'abstraction des *call centers* : là s'effectuera un contrôle permanent du rapport entre le résultat et le temps d'entretiens transformés ainsi en marchandises. L'opération de vente d'un vêtement ou d'un mètre cube de bois est prise dans les rets de la franchise ou de toute autre formule permettant à un nombre très réduit de centres de profits de bénéficier des gains de temps liés à l'usage de procédures commerciales identiques partout dans le monde, procédures commerciales transformées elles-mêmes en marchandises. Les tours de main (une façon particulièrement habile de produire ou de vendre) qui demeuraient jusqu'ici l'apanage des travailleurs leur sont extorqués par des observations menées par des cabinets conseils puis modélisés et ainsi universalisés selon des règles précises de temps. Les médecins, les ingénieurs voient leurs actes les plus complexes transposés en procédures codifiées que des gestionnaires transforment en marchandises vendues à des clients (souvent en interne dans d'autres services du groupe) ou à la sécurité sociale. On le voit, une marchandise n'est pas un objet produit pour être vendu, comme le veut une définition banale qui confond transaction monétaire et marchandise : un paysan qui vend ses tomates au marché ne vend pas des marchandises, pas plus qu'un médecin conventionné de secteur 1 qui fait payer sa consultation. Et contester la production de marchandises n'est absolument pas contester l'intérêt des transactions monétaires. Une marchandise est un objet produit sous la dictature du temps de travail abstrait afin de mettre en valeur des capitaux. L'impossibilité du « travail bien fait » lorsque son objet est transformé en marchandise, jusqu'ici moins voyante parce que les possibilités dont disposaient les actionnaires pour une telle transformation étaient plus réduites, éclate au grand jour dans la souffrance au travail. Elle s'exprime avec d'autant plus de force dans les entreprises publiques privatisées dont les personnels avaient pu, avant la privatisation, mener leur activité en dehors du carcan de la valeur travail.

Atteinte au *statut des personnes* ensuite. Les activités deviennent du « travail » dans le capitalisme lorsqu'elles sont le fait de prétendus « travailleurs libres », détachés de tout pour être attachés au seul temps du capital, de pures « forces de travail » donc. Jusqu'à ce que la dictature du temps de travail comme mesure de la valeur ait atteint les sommets et le niveau de contradiction auxquels conduit aujourd'hui le capitalisme financier, cette réduction des personnes à de la force de travail était certes présente mais relative : qu'on pense au paternalisme industriel, au corporatisme bancaire, aux professions organisées (les agriculteurs, les architectes ou les avocats, etc.), aux formes de souveraineté ouvrière de certains marchés fermés comme les dockers ou le Livre. Qu'on pense à tous ceux qui ont pu « s'en sortir par le travail », déjouant ainsi, grâce à l'abstraction capitaliste du travail, les déterminations du milieu social, de l'école, de la nationalité. Et, surtout, au statut qui, lui, a maintenu jusqu'à la réforme son étrangeté à la logique du temps de travail et de la marchandise : celui de la fonction publique, fondé comme nous l'avons vu sur la qualification et non pas sur l'emploi. Aujourd'hui, ces inventions pragmatiques géniales dont fait partie le salaire continué dans les pensions, ces tremblés dans l'écriture capitaliste du travail, ces étrangetés tolérées ne peuvent plus espérer subsister sans un discours et des pratiques fortes. Car la réforme, elle, est là, avec les discours et les mesures qui veulent en finir avec ces espaces de la professionnalité autonome. Le capitalisme financier a les moyens de la réduire, et en a le plus grand besoin du fait de la concurrence intercapitaliste et, plus décisivement, de la permanente baisse du taux de profit due aux gains de productivité énormes qu'engendre la dictature du temps de travail. Bien sûr, parce qu'il s'agit de produire malgré tout des biens et services utilisables, la professionnalité des opérateurs doit être mobilisée à des degrés plus ou moins élevés. Mais ce qui est essentiel, c'est qu'ils en perdent totalement la maîtrise pour qu'elle soit dédiée à la marchandise dont l'actionnaire va tirer son profit. La qualification personnelle[15], c'est-à-dire la maîtrise personnelle de la professionnalité, mais aussi la qualification du poste et les statuts professionnels (professions, fonction publique, intermittents du spectacle) sont pour les réformateurs des obstacles à faire sauter. Oui, l'usage du temps de travail abstrait comme mesure de la valeur de la production cause au statut des personnes des dégâts significatifs.

Restent les *produits*. Je passe vite sur le diagnostic bien connu d'une production de médiocre qualité et encombrée de méthodes et produits polluants. Pour revenir à l'exemple de la tomate évoqué plus haut, se réjouir de la bonne odeur des queues des tomates en grappes lorsqu'on les renifle à l'achat expose à une profonde déconvenue dès qu'on goûte au produit. Mais je voudrais évoquer des dérives comme l'obligation pour les policiers de « faire du chiffre ». De tâche menée au coup

15. La qualification personnelle est étudiée au chapitre 2.

par coup, en fonction des circonstances appréciées par un fonctionnaire inscrivant son activité dans la déontologie d'un service public, la contravention est transformée en tâche normalisée, répondant à des procédures universelles, et calculée selon un rapport entre temps de travail disponible et nombre de produits réalisés : elle est mûre pour devenir une marchandise produite par des forces de travail. Je prends à dessein cet exemple de transformation désastreuse des produits du travail en marchandise dans une fonction régalienne de l'État réputée devoir résister à la privatisation pour montrer que cette réputation est une illusion.

Le bonheur des retraités au travail

Pourtant, considérer que la dictature de la valeur travail opère comme un rouleau compresseur n'est pas faux mais est unilatéral. C'est précisément ce que montre la situation des retraités. Cette section du chapitre est intitulée *un trésor impensé* pour désigner le bonheur des retraités au travail. En m'exprimant ainsi, je ne tords pas le bâton dans le sens contraire du misérabilisme ambiant pour proposer la fable d'une retraite universellement idyllique. Je n'ignore pas plus que quiconque les retraités condamnés à survivre avec une très faible pension ou parce qu'ils ont été cassés par leur vie professionnelle, ni ceux qui s'ennuient ou se divertissent dans une consommation répétitive. Il n'est pas nécessaire que ce que je pointe comme porteur d'un avenir inouï soit le fait de tous les retraités. Qu'il ait atteint le statut d'un fait social suffit, et le bonheur des retraités au travail en est un.

C'est donc un *trésor* parce que l'expérience massive du bonheur qu'il y a à être payé pour travailler hors de la valeur travail est une subversion de sa dictature. Que du travail non subordonné et non producteur de marchandises donne lieu à salaire subvertit toute la forme capitaliste de rapport au travail. Mieux encore, ce salaire est inconditionnel : de 60 ans à leur mort, les pensionnés travaillent en échappant au marché du travail, sans passer par les fourches Caudines d'un employeur. Précisons d'emblée qu'« employeur » n'est pas confondu dans cet ouvrage avec les nécessaires fonctions de direction du collectif de travail ou d'impulsion d'une entreprise. Aujourd'hui, bien des employeurs de très petites entreprises, mais aussi des responsables de ressources humaines, comme on dit, des cadres supérieurs, souhaiteraient n'être que l'animateur de leur entreprise et vivent fort mal leur fonction d'employeur. L'« employeur » fait système avec le « marché du travail » et la « valeur travail ». Le marché du travail définit les individus comme forces de travail « demandeuses d'emploi ». Ces forces de travail ne peuvent être mises en œuvre qu'à l'initiative d'employeurs qui les achètent sur le marché et les mobilisent selon la logique de la valeur travail qui, rappelons-le, consiste à ne donner valeur à l'activité humaine qu'à la mesure du temps de travail abstrait nécessaire à la production de marchandises, seules génératrices du profit. *Le retraité travaille dans une totale émancipation de tout ce carcan mortifère*, payé qu'il est à vie. Ce qu'il y a donc de radicalement nouveau dans le travail des retraités, c'est qu'il est mené grâce à un salaire irrévocable. Sans aucune autre sanction que son éventuel échec. Le salaire des retraités est sûr, son horizon est pour la vie entière, et c'est sur ce préalable que se construit de quoi mener un travail créateur de richesse. Car le salaire irrévocable n'implique aucun contrôle de son travail et de son produit par un employeur, et rend possible un travail libéré de la valeur travail. Nous définirons au chapitre 2 une telle capacité comme relevant d'une *qualification personnelle*. Et cela peut durer trente ans ou plus, éventuellement plus longtemps que la période d'emploi chez celles et ceux qui ont droit à la pension complète dès 55 ans !

Nous commençons à connaître tous des exemples de retraites plus longues et plus heureusement actives que la carrière professionnelle. Où allons-nous si cette expérience diffuse, si les petits-enfants en sont les témoins familiers pendant toute leur enfance et s'interrogent, l'âge de l'emploi venu, sur la légitimité du marché du travail ? S'ils revendiquent et obtiennent, dès 18 ans et sans attendre 60 ans, de travailler sous l'égide de la « pleine qualification » et non pas du « plein emploi » (qui suppose, faut-il le rappeler, plein d'employeurs) ? Si le temps de travail abstrait n'est plus la mesure de la valeur, et si dans la foulée la monnaie est créée par une autre médiation que la marchandise[16] tandis que la propriété lucrative doit céder la place à la propriété d'usage[17] ? Le capital n'aura plus d'institutions fondatrices, nous pourrons sortir du capitalisme. Nulle utopie ici, mais la poursuite décidée et assumée de la nouveauté inouïe ouverte par la pension comme poursuite du salaire, et qu'anticipent aussi à leur façon les fonctionnaires, les hospitaliers, les intermittents du spectacle, certaines professions libérales et tous ceux qui, dans le salariat privé, parviennent à desserrer l'étau de la valeur travail. Toutes les institutions de sortie du capitalisme sont déjà en puissance dans notre aujourd'hui.

Voilà l'enjeu des retraites, en tout cas dans sa dimension essentielle de dépassement possible de la valeur travail. Nous examinerons au chapitre 4 l'autre dimension qui lui est intimement liée : le dépassement de la propriété lucrative, dont le salaire continué montre l'inutilité.

Pourquoi l'échec des opposants à la réforme ?

Or, ce trésor du salaire continué dans la pension est un trésor *impensé* faute que soient mis les mots adéquats sur

16. La création monétaire sera évoquée au chapitre 4.

17. Le passage de la propriété lucrative à la propriété d'usage sera examiné au chapitre 4.

ce qui est pourtant déjà là. L'inouï est pensé dans des catégories anciennes qui le banalisent ou en dévoient le sens.

On comprend qu'il soit impensé de réformateurs n'imaginant pas qu'un autre monde soit possible s'ils sont à gauche, ou décidés à maintenir l'ancien monde s'ils sont à droite (le spectre des réformateurs est large). Il est plus ennuyeux qu'il le soit aussi des opposants à la réforme, mais c'est un fait dont il faut prendre acte. Ils peinent à nommer la nouveauté et, de ce fait, s'inscrivent à leur corps défendant dans l'argumentaire réformateur. C'est ce qui, à mon sens, explique leur impuissance depuis 1987. Si les deux premières étapes de la réforme – à savoir l'indexation Seguin sur les prix et la réforme Rocard-Bérégovoy du régime général avortée en 1993 et menée à bien par Balladur la même année – n'ont rencontré qu'une très faible riposte syndicale, en revanche le projet Juppé de réforme des régimes spéciaux (SNCF, EDF...) en 1995 s'est heurté à une grève massive qui a contraint à la reporter jusqu'à la réforme Bertrand de 2008. Quant à la réforme Fillon-Chérèque du régime des fonctionnaires et du régime général en 2003, elle a donné lieu à des manifestations considérables, au départ unitaires. Pourtant, cette double mobilisation syndicale, si elle a pu atténuer en particulier la promotion des fonds de pension, n'a pas fondamentalement modifié le cours du projet réformateur. Il a d'abord pour objet le changement de sens de notre système en répartition, qui n'est pas simplement un système transformant instantanément, sans épargne, des cotisations en pensions. Cette définition des systèmes en répartition définit le contenant, mais pas le contenu : on peut répartir du salaire (c'est le cas avec notre pension comme salaire continué), mais on peut répartir aussi du revenu (ce qui est l'objectif des réformateurs), et nous allons voir au deuxième chapitre que salaire et revenu sont contradictoires.

Pour expliquer l'échec des opposants, on peut certes, et à juste titre, invoquer le recul du rapport de forces au détriment des salariés depuis les trente dernières années. Mais cela n'explique pas le permanent et ferme consensus entre les deux partis majoritaires à droite et à gauche, ni la participation active de la CFDT à la réforme, ni l'impuissance dans laquelle ont été jusqu'ici la CGT et FO à dépasser une contestation défensive à la remorque de l'agenda réformateur. Pour comprendre ces phénomènes, il faut mesurer combien les opposants à la réforme sous-estiment l'enjeu d'émancipation du travail dont sont porteuses les retraites payées par du salaire continué. Fondamentalement, leur diagnostic est le même que celui des réformateurs: les retraités ne travaillent pas, ils touchent un salaire différé, il y a un problème démographique, la solidarité intergénérationnelle doit être sauvegardée. Sur cette base, aucune alternative à la réforme n'est possible, d'autant qu'elle ne peut nourrir aucun idéal mobilisateur puisque la nouveauté, celle de la paye du travail libéré de la valeur travail, n'est pas utilisée comme tremplin. Notre pays connaît un taux d'emploi des plus de 60 ans particulièrement bas, dont se désolent les réformateurs. C'est au contraire une chance si l'on considère que la pension permet un travail libéré de l'emploi et de la valeur travail. Reste à assumer collectivement cette chance pour soutenir les pensionnés dans l'organisation de rapports nouveaux au travail, dans la sphère publique et pas seulement privée, collectivement et pas seulement individuellement. Là est le terrain d'une réforme progressiste de la retraite. Et alors, s'il devient évident et de pratique courante que l'on est payé après 60 ans pour inventer un rapport au travail libéré de la subordination, de la marchandise, de la valeur travail, quelle force aura une même dynamique d'émancipation du travail avant 60 ans!

La réforme depuis 1987

Soulignons d'abord, car c'est ce qui justifie le singulier de « la réforme », la constance de la détermination réformatrice des gouvernements, de gauche comme de droite, qui partagent un projet exposé clairement depuis 1991 dans le Livre blanc de Michel Rocard. Qu'on en juge : Chirac indexe les pensions du secteur privé sur les prix par une mesure réglementaire de 1987 qu'en 1993 Balladur transforme en loi pour cinq ans, loi que Jospin pérennise en 1998, que Raffarin étend à la fonction publique en 2003 et Fillon aux régimes spéciaux en 2008. Rocard énonce en 1991 les principes de séparation entre « contributif »[18] et « non contributif », de durcissement des conditions de retraite à taux plein à 60 ans, d'extension de la période du salaire de référence et d'allongement de la durée d'une carrière complète que Bérégovoy, qui en dépose en 1992 le projet de loi, n'a pas le temps de mettre en œuvre et dont Balladur réalise en 1993 une première étape, que complète Raffarin en 2003. Juppé rate en 1995 la réforme des régimes spéciaux que Fillon réalisera en 2008 ; sa loi sur les fonds de pension n'a pas de décrets d'application quand il perd le pouvoir, et Jospin l'abroge pour créer un fonds de réserve et une formule d'épargne salariale qui servira de matrice à l'épargne retraite que met en place Raffarin, avec en prime un fonds de pension obligatoire dans la fonction publique. Jospin refuse à ses alliés communistes une loi rendant possible la retraite pleine avant 60 ans pour les travailleurs à carrière longue, car il entend en faire la monnaie d'échange de la réforme du régime des fonctionnaires que son échec à la présidentielle ne lui donnera pas l'occasion de mener à bien, mais que Raffarin négocie avec la CFDT un fameux 16 mai 2003... contre la retraite avant 60 ans pour les travailleurs ayant cotisé 40 ans. Jospin installe en 2001 un Conseil d'orientation des retraites, qui produit depuis le référentiel consensuel de la réforme, celles de 2003, de

18. La contributivité est le rapport entre les cotisations et les prestations. Elle est faible ou forte selon que ce rapport est plus ou moins éloigné de 1.

2008 et celle à venir, dont il vient de tracer les grands traits dans son rapport de janvier 2010.

La réforme : une réaction contre le progrès des pensions

La réforme peut donc se résumer en deux objectifs centraux : donner un coup d'arrêt quantitatif au mouvement de continuation du salaire dans la pension à partir de 60 ans et, qualitativement, délier la pension du salaire pour la lier à l'épargne, au revenu différé et à l'allocation tutélaire, trois formes de ressources résolument non salariales.

Elle a en premier lieu consisté en un coup d'arrêt quantitatif au mouvement de continuation du salaire après 60 ans.

C'est d'abord, mesure la plus radicale car elle interrompt un nécessaire mouvement de hausse accompagnant la progression du poids des pensions dans le PIB, *le gel des taux des cotisations* assises sur le salaire. Au régime général, le taux de la cotisation patronale, en progression régulière jusque-là, n'a pas bougé depuis 1979 (sauf le transfert d'une cotisation d'allocations familiales lors de la création de la CSG en 1991) et connaît depuis la fin des années 1990 un net recul avec les exonérations dégressives jusqu'à 1,6 smic : pour un salaire au smic, l'employeur ne paie aucune cotisation vieillesse au régime général et il ne retrouve le taux normal que très progressivement, à 1,6 smic. Il faut savoir que près de la moitié des salaires sont ainsi concernés par un recul de la cotisation patronale. Seules les cotisations salariales ont connu une très légère hausse, interrompue elle aussi depuis le milieu des années 1990. Dans les régimes complémentaires, les accords de 1993 (Arrco) et 1994 (Agirc) augmentent les taux des cotisations obligatoires tout en supprimant les cotisations facultatives, tandis que l'accord Agirc-Arrco de 2001 propose le gel des taux pour dix ans, gel respecté jusqu'ici à l'exception de la minuscule augmentation de 0,2 point du taux de cotisation Agirc en 2003. Jamais notre système de retraite n'a connu un tel assèchement volontaire et planifié de ses ressources salariales : le taux de cotisation retraite est passé de 8 à 26 % du salaire brut en cinquante ans (entre les années 1940 et le milieu des années 1990), et depuis quinze ans il stagne au-delà de 1,6 smic et recule en deçà (il est de 10 % seulement pour le smic !). Pendant ce temps, et les deux mouvements sont évidemment liés, la croissance du pouvoir d'achat des salaires, qui était à peu près la même que celle de la productivité entre 1950 et 1978, a complètement décroché de celle-ci[19] : le gel des taux de cotisation est un élément essentiel de l'accaparement des gains de productivité par le profit. Il est stupéfiant que les opposants à la réforme soient si peu à l'offensive sur cette question des plus décisive.

C'est ensuite le passage, déjà évoqué, de l'indexation des pensions sur les salaires à *l'indexation sur les prix*. C'est une mesure elle aussi très radicale et qui, elle non plus, n'est pas au cœur du débat public. D'une part, elle éloigne de plus en plus le montant des pensions déjà liquidées de celui des salaires : dans l'hypothèse d'une hausse du salaire moyen net de 1 % par an en euros constants, la perte de pouvoir d'achat relatif de la pension sera de 22 % après vingt ans de retraite[20]. D'autre part, point le plus souvent absent du débat, elle réduit considérablement le montant de la pension au moment de sa liquidation. En effet, les salaires des vingt-cinq meilleures années dans le régime général, et la valeur de service du point à l'Agirc et à l'Arrco, qui servent de base de calcul du

19. IRES, *La France du travail*, Éditions de l'Atelier, Paris, 2009, p. 63 et 64.

20. Conseil d'orientation des retraites, *Retraites : questions et orientations pour 2008*, quatrième rapport, La Documentation française, Paris, 2007, p. 140.

montant de la pension, sont considérablement réduits du fait de leur indexation sur les prix et non pas sur les salaires. La CGT a calculé que la décision de l'accord Agirc-Arrco de novembre 2003 d'indexer le prix d'achat du point sur les salaires et sa valeur de service sur les prix amputerait la pension de 25 % d'ici à 2020[21].

L'interruption du mouvement de continuation du salaire dans la pension après 60 ans est enfin tentée par des mesures poussant au *recul de l'âge de liquidation*, mieux connues car elles ont été au centre du débat public. Il s'agit de repousser au-delà de 60 ans l'entrée en retraite en augmentant la durée de cotisation pour une carrière complète et en introduisant des techniques de décote-surcote. Ainsi, à compter de 1993, la condition du taux plein d'une pension liquidée avant 65 ans dans le régime général est passée de 150 à 160 trimestres validés, puis la réforme de 2003 a durci ce dispositif en portant la condition de carrière complète (y compris pour les pensions liquidées à 65 ans) de 150 à 160 trimestres et étendu ce dispositif à la fonction publique. Il l'est depuis 2008 dans les régimes spéciaux, qui connaissent aussi la décote-surcote depuis cette date. La surcote a été mise en place dans le public et le privé par la réforme de 2003, qui a introduit la décote dans la fonction publique (tout en prévoyant une réduction de celle du privé).

La réforme : une réaction contre la retraite comme salaire continué

Le second objectif, qualitatif, de la réforme est de délier la pension du salaire pour la lier à l'épargne

21. Nicolas Castel, *La Retraite des syndicats*, La Dispute, Paris, 2009, p. 254. Le Conseil d'orientation des retraites, dans son cinquième rapport (mars 2007), estime que cet accord double l'effet négatif de la réforme du régime général à l'horizon 2050 : le taux de remplacement passe de 84 à 64 % pour un non-cadre et de 64 à 43 % pour un cadre.

retraite, au revenu différé et à l'allocation tutélaire, trois formes de ressources résolument non salariales.

La question des fonds de pension ayant été au centre du débat public, point n'est besoin d'insister longuement sur les formes qu'a prises la promotion de l'*épargne retraite*[22].

Significativement, l'an 1 de la réforme voit la création du plan d'épargne retraite (1987). La montée en puissance de la bulle financière dans les années 1990 est l'occasion, surtout sous le gouvernement Juppé (loi Thomas de 1997), d'une tentative de passage en force sur une question très controversée dans l'opinion. Le gouvernement Jospin crée en 1999 un fonds de réserve pour les régimes en répartition et, en 2001, diverses formules d'épargne salariale facultative dans le secteur privé, que la réforme de 2003 va systématiser sans qu'ils connaissent une grande ampleur. Mais c'est surtout la fonction publique qui est la cible des réformateurs avec la création, à compter de 2005, d'un régime obligatoire en capitalisation pour les primes : la retraite additionnelle de la fonction publique. Sur cette création, curieusement, il n'y a aucun débat public alors que toute la politique salariale de l'État consiste dans la stagnation des points d'indice et dans la progression des primes.

Autant l'entrée de l'épargne a fait l'objet de controverses, autant les deux autres mouvements, la promotion du revenu différé et de l'allocation tutélaire, tout aussi fondamentaux, n'ont guère été discutés.[23]

Examinons d'abord la transformation du cœur de la pension de salaire continué en *revenu différé*. Dans le revenu différé, tout se passe comme si la somme des pensions devait correspondre à la somme des cotisations passées de l'intéressé, comme si elles étaient un report de

22. Par contre, sa signification du point de vue du statut du salarié fera l'objet du chapitre 4.

23. Ils feront l'objet respectivement des chapitres 2 et 3.

l'usage d'une part du salaire non consommée au moment de sa formation. Un tel mode de calcul des pensions selon la « neutralité actuarielle individuelle »[24] légitime à tout moment le travail subordonné comme seul fondement du statut social. D'une part, il pousse à prolonger indéfiniment la durée du travail subordonné : dans les cas italien ou suédois, qui représentent le modèle promu par l'Union européenne et en faveur duquel d'énormes pressions réformatrices s'exercent aujourd'hui en France, toute augmentation de l'espérance de vie se traduit par une baisse automatique des pensions. D'autre part, il entretient les actifs comme les retraités dans l'illusion que c'est une part de la valeur attribuée à leur travail comme actifs qui fonde leur pension comme retraités, qu'en aucun cas le travail libéré de la valeur travail ne peut être payé, que seul le travail subordonné mesuré de la façon la plus stricte possible, du fait de la contributivité du modèle, mérite monnaie. La montée de la contributivité est un élément essentiel de la réforme. Alors qu'avant la réforme, pour 37,5 années validées, la pension continuait, à compter de 60 ans, les meilleurs salaires (la moyenne des six derniers mois dans la fonction publique et celle des dix meilleures années dans le régime général), avec pour les femmes ayant élevé des enfants une compensation pour le retard de carrière que cela avait entraîné, elle tend à devenir la contrepartie des seules cotisations de toute la carrière. Le mouvement n'est pas achevé, mais les premières étapes ont été posées. La distinction, en 1994, entre le contributif et le non-contributif par la création du fonds de solidarité vieillesse, financé par une extension de la CSG créée en 1991 pour les allocations familiales, réserve la pension à ce qui a fait l'objet d'une cotisation. Le passage dans le régime général des dix aux

24. Pour chacun, la somme des pensions doit être égale à la somme des cotisations selon une estimation actuarielle de l'espérance de vie de sa cohorte à l'âge où il liquide sa pension.

vingt-cinq meilleures années pour l'établissement de la base de calcul, entre 1994 et 2008, commence à faire de la pension la contrepartie des années cotisées. La réforme du minimum contributif[25] et la prise en compte des carrières démarrées très jeune en 2003 ont été l'occasion de commencer à poser les trimestres cotisés (et pas simplement validés[26]) comme seul fondement du droit à pension, tout comme la suppression de l'année validée pour enfant élevé dans la fonction publique à compter des enfants nés en 2004. Ces pierres d'attente de la transformation du salaire continué en revenu différé pourraient être confirmées par une prochaine étape : l'adoption par tous les régimes du système de points de l'Agirc-Arrco ou du système suédois des comptes notionnels individuels totalisant les cotisations de la carrière. Nous examinerons cette proposition dans le prochain chapitre.

Terminons par la dernière forme de ressource promue par les réformateurs contre le salaire : *l'allocation tutélaire*. C'est une pension différentielle, ou un supplément de pension, attribué sous conditions soit de ressources (l'exemple le plus important est celui du *pension credit* anglais), soit d'activité longue (c'est le cas du minimum contributif français) à d'anciens actifs faiblement payés et qui étaient souvent déjà justiciables (eux ou leurs employeurs) de formes diverses de subventions de leur salaire. Il ne s'agit pas simplement de l'assistance aux pauvres présente dans toutes les sociétés et que l'on connaît en France avec le minimum vieillesse, mais d'une pension qui entretient le marché du travail et la subordination capitaliste d'un double point de vue. D'une part, elle garantit un

25. Le minimum contributif est présenté au paragraphe suivant.

26. Rappelons qu'un trimestre peut être validé sans cotisation de l'intéressé (en cas, par exemple, de chômage indemnisé).

revenu minimal sous condition d'activité qui maintient en situation d'offreurs de travail tous ceux que des salaires faibles pourraient écarter du marché du travail. D'autre part, elle repose sur la victimisation de groupes de salariés cantonnés dans un fragile droit de solidarité nationale (d'où la dénomination de « tutélaire ») parce que l'accès aux attributs positifs de la qualification leur est refusé. Les allocataires sont en effet des travailleurs ou d'anciens travailleurs qui font l'objet d'une caractérisation négative : « victimes de la mondialisation », « faiblement employables », « sans qualification » ou « sans expérience », « sans ressources suffisantes ». Nous verrons dans le chapitre 3 l'importance de la victimisation dans la disqualification de travailleurs écartés ainsi du salaire et de la pension à la qualification. Le minimum contributif fournit un exemple significatif de l'allocation tutélaire en matière de pensions. Créé en 1983 à la demande des syndicats, qui voulaient garantir aux travailleurs à bas salaire avec une carrière complète une pension minimum égale au smic, son montant sera en réalité forfaitaire et s'éloignera toujours davantage du smic, cependant que la rigueur salariale poussera toujours davantage de retraités dans cette pension forfaitaire garantie, qui concerne aujourd'hui environ 20 % des nouveaux retraités[27]. Un autre exemple est le fonds de solidarité vieillesse décidé lors de la réforme de 1993 et financé à compter de 1994 par la CSG : on notera la réapparition du mot « vieillesse » alors que tout le mouvement de continuation du salaire avait, dans les années 1970, fait disparaître les « vieux » en les faisant accéder au statut commun de retraités.

27. 40 % des nouveaux retraités (60 % des femmes) touchent le minimum contributif, mais il se cumule avec d'autres pensions de base pour une partie d'entre eux. Lorsqu'il est l'unique pension de base, il concerne surtout des femmes à faible salaire, dont une partie attendent 65 ans pour liquider leur pension.

Le projet réformateur s'éclaire ainsi à l'étude des mesures prises depuis plus de vingt ans maintenant : du salaire pour des retraités actifs émancipés, jamais ! Le salaire, c'est pour la subordination, c'est pour le travail sous le joug de la valeur travail. Les réformateurs n'auront de cesse de repousser l'âge de la retraite pour maintenir le poids du travail subordonné, et de transformer les pensionnés en rentiers ou en assistés : la rente (qu'elle soit celle d'une épargne financière dans des fonds de placement ou d'une épargne notionnelle dans des comptes de points) et l'allocation tutélaire sont les deux formes légitimes du revenu sans travail dans le capitalisme puisque, c'est entendu, les retraités ne travaillent pas, ils ont gagné un loisir bien mérité après une longue vie de labeur. On le voit : la réforme des pensions engage bien plus que les pensions, c'est le statut du travail et des salariés qui est en cause. C'est donc par des propositions offensives sur ce statut que la réforme pourra être combattue efficacement, parce que combattue sur son projet. Or, nous disposons, avec le salaire continué, qui reste la caractéristique essentielle de la pension malgré les coups de butoir réformateurs, de la base nécessaire pour cette offensive.

Chapitre 2

Au cœur de la réforme, le revenu différé contre la qualification personnelle

Les trois éléments décisifs de la réforme sont donc le gel des cotisations, l'indexation sur les prix et la montée de la contributivité entendue dans le sens de la « neutralité actuarielle individuelle » (pour chacun, le total des cotisations de la carrière doit être égal au total des pensions). J'ai déjà souligné combien il est stupéfiant que le débat public soit quasi inexistant sur les deux premiers éléments. Quant à la contributivité, présentée comme idéal de justice par les réformateurs partisans de l'équité, elle n'est discutée par les opposants que pour deux de ses effets. Premièrement, elle baisse le niveau des pensions : passer des dix aux vingt-cinq meilleures années pour le salaire de référence baisse évidemment la pension, sauf si le salaire reste désespérément plat pendant toute la vie professionnelle[1]. Deuxièmement, elle crée des inégalités : si chacun récupère sa mise, les éventuelles règles

1. Nous verrons d'ailleurs que, par une argumentation particulièrement perverse, les réformateurs s'appuient sur les carrières plates pour revendiquer encore plus de contributivité au nom de l'équité !

de compensation égalisatrices entre les assurés sociaux disparaissent, et le fait même de distinguer le contributif et le non-contributif stigmatise ce dernier, dont la légitimité est plus faible : l'équité est la renonciation à l'égalité. Cette contestation est très importante, et nous analyserons dans le prochain chapitre les effets désastreux de la victimisation qui accompagne la définition de pensions comme « non contributives », mais la promotion de l'égalité contre l'équité reste en elle-même trop rarement et insuffisamment argumentée.

Car ce qu'il est essentiel de mettre en évidence, lorsqu'on analyse la réforme, c'est que ses trois dimensions font de la pension un revenu différé. Une cotisation dont le taux est stabilisé sur le long terme fonde en répartition, selon un calcul strictement contributif, une pension dont le pouvoir d'achat est garanti par son indexation sur les prix : ce sont là toutes les caractéristiques d'un revenu différé. Or, nous allons voir que *le revenu différé est le contraire du salaire continué.* Le résultat fondamental de la réforme, si elle est menée jusqu'au bout, serait donc d'inverser le sens qu'a pris jusqu'ici la répartition. Car nous restons bien en répartition : si les pensions sont calculées comme si elles étaient un strict différé des cotisations passées des retraités, ce sont les cotisations de l'année qui financent les pensions de l'année sans aucune épargne.

Évidemment, une opposition à la réforme menée au nom de la « défense de la répartition », sans préciser qu'il s'agit de la répartition qu'opère la continuation du salaire dans la pension, est impuissante à s'opposer à des réformateurs qui entendent eux aussi « défendre la répartition »... comme revenu différé ! Ils s'appuient aujourd'hui sur la réforme de la pension publique suédoise, posée comme un modèle par l'Union européenne. C'est un exemple particulièrement clair de pension comme revenu différé et le présent chapitre s'ouvre par sa description.

La réforme ne fait pas que baisser le niveau des pensions et les rendre plus inégales : elle obscurcit et ralentit le cours de la construction du statut des retraités comme salariés payés par un salaire pour mettre en œuvre leur qualification sans la tyrannie de la valeur travail, et elle conduit à les maintenir dans leur statut traditionnel d'inactifs tirant un revenu de leur prévoyance. Elle fait ainsi d'une pierre deux coups. D'une part, le statut des retraités restera, si la réforme réussit, défini négativement : « hors emploi », ils ne peuvent être au travail, ils sont voués à des « activités » bien sympathiques, utiles, mais ne relevant pas d'une valorisation monétaire réservée aux seuls travaux menés sous la loi de la valeur travail, qui se trouvera ainsi renforcée. D'autre part, le statut de ceux qui sont « en emploi » régressera lui aussi : alors que progressait une logique salariale de reconnaissance de leur qualification, les voici renvoyés à leur statut de forces de travail, de mineurs sociaux dotés d'un gagne-pain leur permettant de se constituer pendant qu'ils sont en emploi des comptes épargne (retraite, mais aussi santé, formation...) pour faire face aux aléas de la carrière ou aux temps de hors-emploi. C'est pourquoi l'assiette de la pension des fonctionnaires sur le seul dernier salaire, qui pose clairement la pension comme continuation du salaire, est une prochaine cible majeure des réformateurs : c'est un verrou à faire sauter pour passer du salaire continué au revenu différé.

Comme tous les chapitres de cet ouvrage, celui-ci insiste sur le fait que la réforme impose de donner une consistance conceptuelle à des constructions pragmatiques existantes, mises en place et efficaces depuis longtemps sans grand approfondissement théorique. Ici, il est important de définir le salaire dans son opposition au revenu et la qualification dans son opposition à la prévoyance. Si l'opposition à la réforme est l'occasion de passer du « j'ai cotisé, j'ai droit » du revenu différé au « j'ai une qualification, j'ai droit » du salaire continué, alors des institutions salariales construites pragmatiquement dans une organisation sociale capitaliste – la cotisation vieillesse, le salaire à la qualification, le traitement continué des fonctionnaires – deviendront les supports de son dépassement assumé.

Le modèle suédois de répartition et sa promotion en France

Dans l'invocation actuelle, par les réformateurs, du modèle suédois de répartition, on peut lire une inflexion de leur discours, qui insistait davantage jusqu'ici sur la promotion de la capitalisation même si l'essentiel des mesures a toujours porté sur la répartition, quasi hégémonique en France. Cette inflexion tient à deux choses. Bien sûr, la montée de la bulle financière dans les années 1990 était plus porteuse pour la capitalisation que sa retombée actuelle. Mais, moins conjoncturellement, les réformateurs ont pris acte, devant l'échec du système de pension anglais, de la nécessité d'une pension en répartition de haut niveau désignée comme « pension publique ».

L'échec des pensions anglaises et le modèle suédois de l'« inkomstpension »

L'échec anglais est double. D'une part, le niveau moyen des pensions est faible parce que seule une minorité bénéficie de régimes complémentaires d'entreprise facultatifs assurant un taux de remplacement équivalent à celui qu'on trouve sur le continent, alors que la pension publique, forfaitaire, est inférieure au minimum vieillesse français. Le gouvernement travailliste a d'ailleurs dû augmenter le *pension credit*, allocation sous conditions de ressources distribuée aux ménages dès 60 ans, nettement supérieure à la pension publique versée à partir de 65 ans. Il a également amélioré le niveau du second étage de la pension publique, proportionnel au salaire, tout en le concentrant sur les salariés les moins payés. S'ajoute, d'autre part, l'échec des incitations à l'épargne retraite individuelle. Malgré un coût fiscal considérable, les plans individuels mis en place par Thatcher, qui devaient à la fois compléter et éventuellement remplacer les régimes d'entreprise, n'ont pas rencontré le succès escompté. Outre son caractère facultatif et sa dispersion dans des régimes trop nombreux, une des raisons de l'échec de l'épargne retraite au Royaume-Uni est le niveau trop faible du *pension credit* et de la pension publique, qui n'offrent pas un horizon ni une sécurité suffisante aux travailleurs pour les dissuader de se réfugier dans la propriété du logement ou d'autres formes d'épargne peu liées au marché financier. Il n'y a pas d'avenir pour l'épargne retraite sans une pension publique garantie, insuffisante certes pour remplacer le salaire (et donc nécessitant un complément en capitalisation) mais suffisante pour que les travailleurs en capacité d'épargner osent fréquenter les marchés. C'est pourquoi, contrairement à une idée largement répandue parmi les opposants à la réforme, le modèle des institutions de l'Union européenne est nordique bien davantage qu'anglo-saxon : danois pour la flexicurité, comme nous le verrons plus loin, car elle participe du projet politique de la réforme des retraites, qui n'est pas un dossier isolé dans l'agenda réformateur ; suédois pour les pensions, et c'est ce qui va nous occuper ici.

Le système suédois des retraites comporte un premier étage, public, à la fois en répartition et en capitalisation, et un second étage, professionnel, en capitalisation, l'addition des deux conduisant à des taux de remplacement semblables à ceux que l'on connaît en France. Les régimes publics, même s'ils sont très majoritaires, ont donc moins de place que l'addition du régime général et de l'Agirc-Arrco en France, qui assume la quasi-totalité des pensions, les régimes en capitalisation étant beaucoup plus faibles qu'en Suède, qui a construit son système sur le modèle beveridgien. Fondé sur le plein-emploi et des régimes professionnels facultatifs de pensions, le système beveridgien laisse une place résiduelle à une pension publique universelle forfaitaire. Certes, les gouvernements sociaux-démocrates suédois ont dans les années 1960 nettement amélioré la pension publique, mais partiellement en capitalisation, et tout en rendant quasi obligatoires les régimes professionnels, si bien que le poids de la capitalisation y est bien plus fort que sur le continent, qui a massivement adopté le système bismarckien de retraite par mutualisation du salaire, donc sans distinction entre « public » et « professionnel » et sans grande place pour la capitalisation. Les régimes publics suédois ont connu une transformation radicale au cours des années 1990. Après une décennie de débats, c'est un gouvernement libéral qui a décidé, d'une part, d'aligner le financement de l'étage public des pensions sur le modèle continental en mettant en place une cotisation partagée entre les employeurs et les salariés, et, d'autre part, de geler le taux de cotisation des régimes publics à 18,5 % des salaires, avec un plafond de cotisation assez bas puisqu'il est de 1,5 fois le salaire moyen. Ces 18,5 % financent deux types de pension : 16 % financent l'*inkomstpension*, une retraite en répartition fondée sur une stricte identité individuelle entre les cotisations accumulées au cours de la vie active et la somme des pensions versées au cours de la retraite ; 2,5 % financent une pension publique obligatoire en capitalisation gérée par un fonds de pension labellisé par l'État.

Pour l'*inkomstpension*, chaque travailleur suédois, pendant toute sa période d'activité, accumule fictivement ses cotisations sur un compte individuel appelé « compte notionnel » : fictivement au sens où (comme dans les régimes complémentaires de retraite Agirc et Arrco où l'on accumule des points) ce cumul ne donne pas lieu à épargne, les cotisations de l'année finançant les pensions de l'année. Ce compte est actualisé chaque année par une indexation théoriquement fondée sur l'évolution des salaires ; mais elle est modulable en fonction des exigences d'équilibre d'un régime dont le financement est définitivement fixé à 16 % du salaire. Lorsque le cotisant part à la retraite, le montant de sa pension annuelle est obtenu en divisant la somme actualisée des cotisations qu'il a versées par l'espérance de vie de sa cohorte[2] à la date de la liquidation. À l'exception d'un âge plancher, il n'y a plus d'âge de la retraite, chacun choisit en fonction d'un arbitrage privé entre durée d'activité et niveau de pension. S'il liquide sa pension par exemple à 62 ans en 2022 avec un compte de 300 000 couronnes, et que l'espérance de vie moyenne à 62 ans des cotisants nés en 1960 est alors de 28 ans, sa pension annuelle sera de 300 000/28. S'il attend d'avoir 63 ans, sa pension annuelle sera, par exemple, de 304 000/27,3. Plus l'espérance de vie croît, plus le système crée une forte incitation à prolonger la période d'activité, car l'augmentation induite du dénominateur doit être compensée par une augmentation du montant des cotisations au numérateur pour que le niveau de la pension ne baisse pas. La réforme suédoise des pensions est ainsi le modèle des « réformes systémiques » qui évitent de changer des paramètres qu'il faudra revoir à la hausse ou à la baisse au bout de quelques années... suscitant chaque fois un débat politique dont nos dirigeants veulent pouvoir se passer. Par exemple, la réforme Raffarin de 2003, avec ses rendez-vous réguliers pour réexaminer le paramètre « durée de cotisation », est le type même de réforme déconseillée par les instances de l'Union européenne parce qu'appelée à être indéfiniment remise sur le tapis. Au contraire, c'est définitivement que la réforme suédoise

2. En l'occurrence, ensemble des personnes nées la même année que lui.

fixe le taux de cotisation en répartition et qu'elle intègre la hausse de l'espérance de vie puisque le lien entre espérance de vie et durée de vie active est assuré de manière systémique, sans qu'il soit besoin de changer un paramètre. Le débat politique, la négociation collective interprofessionnelle ont fait place à un dispositif technique.

La façon dont le régime est comptabilisé fournit une autre clé de sa convocation comme modèle. Chaque contributeur reçoit tous les ans un état de ses contributions, fait des cotisations accumulées depuis son entrée en activité auxquelles s'ajoutent les contributions de l'année et une « indexation » supposée évaluer les intérêts gagnés : avec la mise en exergue d'un stock de « capital » correspondant aux cotisations accumulées et des « intérêts » qu'il rapporte, on est dans le registre de l'épargne retraite. La présentation des comptes est construite autour de l'idée que les contributeurs possèdent un actif financier qu'ils pourront liquider à un âge choisi par eux. Du coup, la cohérence comptable du système veut qu'à l'« épargne » des ménages corresponde une « dette » du régime de pension. Au niveau macroéconomique, les comptes du régime publient ainsi chaque année une « reconnaissance de dette » égale à la somme des droits ouverts par les cotisations actualisées. À titre d'exemple, en 2003, cette dette du régime à l'égard des ménages équivalait à environ 150 % du PIB. De la possession d'actifs par les ménages à la reconnaissance de dette du régime de pension, tout l'enregistrement comptable de l'*inkomstpension*, régime en répartition, ressemble à s'y méprendre à un système d'épargne retraite, même s'il ne génère aucune épargne financière.

Pourquoi promeut-on le modèle suédois ?

On trouvera l'exemple le plus significatif de cette promotion dans les « Propositions pour une refonte générale des régimes de retraite en France» formulées en 2008 par Antoine Bozio et Thomas Piketty.[3] Elles sont emblématiques de la réforme engagée depuis 1987 qu'elles visent à terminer en s'inspirant du modèle suédois. Les auteurs proposent «de clarifier définitivement les droits à la retraite des générations à venir» (p. 52) et pour cela de remplacer progressivement tous les régimes de pensions obligatoires actuels par l'attribution à chaque actif d'un compte cumulant les cotisations de toute sa carrière. La réforme démarrerait en 2012 et, d'ici à 2032, tous les actuels régimes en répartition, qu'ils concernent les salariés du privé, ceux du secteur public, les fonctionnaires, les agriculteurs ou les indépendants, seraient remplacés par le nouveau «système public en répartition». Le taux de cotisation serait supérieur au taux suédois: 25 % du salaire (ou revenu) brut, soit la situation moyenne aujourd'hui pour un salarié du privé. Le plafond de cotisations pourrait être légèrement supérieur à deux fois le salaire moyen brut à plein-temps, soit autour de 5 500 euros mensuels bruts (contre plus de 22 000 actuellement). Les cotisations seraient indexées chaque année sur la hausse des prix plus 2 %, un rendement garanti par l'État correspondant à la tendance sur le long terme de la croissance réelle de la masse salariale[4]. Au moment où l'actif liquiderait son compte en pension viagère (normalement pas avant 60 ans, tous les âges de sortie en rente après 60 ans étant possibles:

3. Antoine Bozio et Thomas Piketty, *Retraites: pour un système de comptes individuels de cotisations*, 7 avril 2008, 69 p. (http://www.jourdan.ens.fr/piketty/fichiers/public/BozioPiketty2008.pdf).

4. Toutefois, si cette croissance se révélait durablement inférieure à 2 %, la garantie de l'État se calerait sur le taux constaté. Cette estimation de 2 % est d'ailleurs très excessive, car cela supposerait que les salaires croissent plus vite que le PIB, ce qui n'est pas constaté depuis les années 1980: elle sert à embellir le projet.

l'âge légal de la retraite disparaît), son compte serait divisé par l'espérance de vie pour obtenir la pension annuelle, étant entendu qu'il serait possible de ne liquider qu'une partie de son compte et de cumuler un bout de pension et un emploi. Quelle espérance de vie serait prise en compte ? Ici, les auteurs sont plus radicaux que les Suédois qui, nous l'avons vu, prennent l'espérance de vie de la cohorte : compte tenu de l'importance des différences d'espérance de vie selon les catégories et statuts professionnels (les cadres vivent plus longtemps que les ouvriers), les auteurs préconisent d'appliquer des dénominateurs différents selon « une grille intermédiaire de CSP en une dizaine ou une vingtaine de catégories » (p. 31).

L'objectif est que, pour tout niveau de salaire et toute durée de carrière, la somme des pensions soit strictement proportionnelle à la somme des cotisations[5], selon l'idéal d'équité qu'offre la neutralité actuarielle individuelle. Ainsi chaque génération, et chacun dans sa génération, récupérerait sa mise : le texte abonde de dénonciations des « redistributions à l'envers » contraires au « principe minimal d'équité horizontale » et de l'imprévisibilité des « droits à la retraite des générations à venir »[6] dans notre système actuel. À cet argument d'équité s'ajoute l'argument de la sécurité : certes, nous avons déjà avec l'Arrco et l'Agirc des régimes par points assez proches du compte notionnel, mais le jeu des administrateurs du régime sur la valeur du point laisse les actifs sans sécurité suffisante sur le taux de rendement de leurs cotisations, alors que la garantie d'une

5. Étant entendu que les validations de période de chômage indemnisé ou de maladie maternité seraient maintenues, la question étant posée en revanche des avantages familiaux, bannis dans le modèle nordique (note 55, p. 42).

6. Cette problématique générationnelle sera discutée au chapitre 4, dans lequel nous critiquerons l'argument illusoire du choc démographique.

indexation étatique à 2 % annuels des comptes notionnels assure cette sécurité. On mesure là les ravages d'une gestion mi-chèvre mi-chou de l'Agirc-Arrco, qui mêle le rendement du compte de points (prévoyance) et l'objectif d'un taux de remplacement respecté (salaire) : ni l'un ni l'autre ne sont assurés, et le discours de la sécurité du taux de rendement d'une prévoyance obligatoire peut se déployer pour proposer la continuité des ressources par l'épargne et non par la qualification. Comme le disent les auteurs : le consentement à contribuer sera assuré dès lors qu'on aura levé « cette opacité des modes de calcul et ce manque de lisibilité des droits à la retraite », cette incertitude qui « conduit les salariés à considérer cette énorme masse de cotisations retraites comme des impôts comme les autres, et non comme une épargne obligatoire donnant droit à un revenu différé » (p. 9).

La pension comme revenu différé : un changement de sens de la répartition

La pension publique comme « épargne obligatoire », garantie par l'État, et fondant à ce titre un « droit à un revenu différé » : tout est dit. Le salaire comme référence de la pension est exclu. Le taux de cotisation est fixé sur le long terme, la contributivité est absolue puisque c'est l'espérance de vie en années de la catégorie socioprofessionnelle d'appartenance du pensionné qui divise son compte de cotisations, et l'allongement de la durée de cotisation pour suivre celle de la durée de vie est inscrit de façon systémique dans le fonctionnement même du régime. Impossible sans les réformes antérieures (qu'elle estime devoir encore être durcies pendant la période transitoire s'agissant de la durée de cotisations), la proposition d'Antoine Bozio et Thomas Piketty vient les parachever en faisant clairement de la pension un revenu différé.

Le dévoiement du sens de la cotisation sociale

La cotisation sociale a ainsi complètement changé de sens. Elle n'est plus un élément du salaire à la qualification qui permet de continuer le salaire pendant la retraite et dont le taux grandit au fur et à mesure que la part des retraités dans l'ensemble des salariés grandit. Son taux est fixé définitivement car elle n'a rien à voir avec la reconnaissance d'une quelconque richesse créée par les retraités : elle est une prévoyance individuelle obligatoire, et cette obligation, nécessairement limitée, doit être déterminée sur le très long terme. Elle n'assure en aucun cas un taux de remplacement du salaire, qui n'est pas sa référence : elle génère au contraire un capital notionnel qui sera converti en rente viagère. Le critère décisif, de ce fait, est le taux de rendement de la cotisation, et c'est l'État qui le garantit à travers l'indexation annuelle. Les cotisations annuelles génèrent certes le flux des pensions annuelles, mais c'est à travers des stocks individuels qu'on va comptabiliser comme des « actifs » des ménages, appelant en contrepartie comptable une « dette » du régime : ici encore, le dispositif n'a plus rien à voir avec un salaire reconnaissant (par la médiation de la qualification) le flux de la création de richesse. Bref, le salaire est remplacé, *dans la technique de la répartition elle-même*, par la prévoyance.

L'idéal de justice n'est plus le salaire à la qualification, mais la stricte contrepartie en travail subordonné de tout revenu ; et sur la part de la rémunération dédiée à la prévoyance, un rendement garanti par l'État remplace la sécurité et la lisibilité que ne donne plus la référence au salaire, supprimée : nous voici revenus au XIXe siècle et à son prix de la force de travail assorti d'une caisse nationale de prévoyance vieillesse au taux d'intérêt garanti. Un exemple très significatif de ce retour est la façon dont Antoine Bozio et Thomas Piketty dénoncent l'iniquité d'une pension calculée sur la base des meilleurs salaires et préconisent une pension calculée sur la base de tous les salaires de carrière: comme les cadres ont une carrière davantage ascendante que les ouvriers ou les employés, le calcul sur les meilleurs salaires aboutit à une moindre contributivité de la pension des cadres, alors que le calcul sur l'ensemble de la carrière certes diminuera les droits de tous, y compris les plus faibles[7], mais ceux des cadres davantage que ceux des ouvriers ou des employés! Telle est l'équité au prix du nivellement par le bas, qui plus est fondée sur la renonciation à ce que les carrières salariales populaires soient ascendantes.

Les deux piliers de la pension

Dernier point: dans la proposition de nos deux auteurs, le taux de cotisation à la pension publique obligatoire étant maintenu sur le très long terme à 25 % du salaire brut, le taux de remplacement va baisser et un espace va progressivement s'ouvrir pour de l'épargne financière, espace certes moins grand qu'en Suède, mais nous sommes en France, un pays qui ignore – et jusqu'ici récuse – l'épargne retraite. Il faut laisser le temps faire son œuvre, d'où l'importance de réformes systémiques qui n'appellent plus de modifications avant un demi-siècle. Aussi bien la réforme proposée concerne-t-elle la pension obligatoire qualifiée de « publique », ce qui signifie qu'elle appelle un complément privé en capitalisation. Dans un texte qui se présente comme « l'amorce d'un débat sur l'avenir à long terme de notre système public d'assurance vieillesse par répartition » (p. 3), c'est en effet le qualificatif de *public* qui doit alerter le lecteur averti de la doctrine communautaire des « piliers » de la protection sociale. Dans cette

7. Qui de ce fait s'inscriront dans un dispositif renforcé de minimum garanti: ce point essentiel sera traité au chapitre suivant.

doctrine, précisée à chaque jurisprudence de la Cour de justice de l'Union européenne, à Luxembourg, les pensions relèvent de deux piliers: un «premier pilier», qui assure une «pension publique» en répartition selon des règles définies par l'État; et un «second pilier», qui assure des «pensions professionnelles» en capitalisation par mise en concurrence d'institutions financières sur le marché européen des pensions. L'inscription de la pension dans le champ de l'épargne est en effet à double détente: un premier pilier, public, obligatoire, en répartition, doit offrir sur un mode strictement contributif (assorti d'un minimum vieillesse de bon niveau) un revenu différé certes insuffisant mais assez élevé et sûr pour que, sur cette base, les travailleurs aillent sur le marché des capitaux. La réforme proposée, y compris avec la baisse du plafond de cotisation au régime public, est bien le premier pilier obligatoire en répartition qui prépare l'association des travailleurs les mieux payés à la logique du marché des capitaux du second pilier. Tant il est vrai que le «public» de la prévoyance garantie en répartition est la condition *sine qua non* d'existence du «privé» de la capitalisation et doit être promu comme tel.

Les caractéristiques du revenu différé

L'argumentaire contre la réforme ne peut donc être pertinent que si, au nom du salaire continué, il combat tout ce qui lie dans les têtes pensions et prévoyance, comme c'est le cas, on l'a vu, dans le modèle suédois:

— l'inscription des cotisations dans des comptes individuels comme à l'Arrco et à l'Agirc, et la comptabilisation de ces comptes comme un patrimoine lucratif des ménages, une créance qu'ils auraient sur les régimes;

— le déplacement de l'objectif gestionnaire du taux de remplacement du meilleur salaire vers le taux de rendement des cotisations;

— la distinction entre la part contributive et la part non contributive de la pension éventuellement menée au nom de la lutte contre les « charges indues »[8] ;

— la neutralité actuarielle individuelle (la fameuse « équité intragénérationnelle ») comme idéal de justice avec l'invitation à référer la pension à l'ensemble de la vie active et non au seul meilleur salaire ;

— la stabilité du taux de cotisation puisque l'enjeu n'est pas de prolonger le salaire mais de fournir une base suffisante à un revenu différé garanti ;

— l'abandon de l'âge légal (sauf comme âge plancher) au bénéfice de la liberté de choisir le moment de liquider son épargne, notionnelle ou financière, en rente viagère ;

— la distinction entre pension publique et pension professionnelle, qui est au cœur de la promotion de la capitalisation, en cantonnant la pension publique dans un rôle de revenu garanti, l'éventuel remplacement du salaire relevant d'un dispositif complémentaire en capitalisation.

Cette lutte « contre », dont on mesure l'ampleur car ces idées réformatrices ont gagné du terrain au cours des dernières décennies, ne peut être menée qu'en s'appuyant sur un argumentaire « pour », fondé sur l'expérience du salaire continué dans la pension et du bonheur de retraités qui, dotés de l'assurance d'un salaire à vie, travaillent libérés du joug de la valeur travail. Cette expérience est massive, mais non dite dans l'espace public : nombre de retraités la vivent même comme un privilège dont ils sont gênés quand ils comparent leur bonheur au travail et le malheur au travail de tant d'« actifs ». Pour

8. Sur ce terrain glissant des charges indues, on est vite entraîné à durcir toujours davantage le contributif, en passant progressivement, comme c'est amorcé depuis 2003, de la carrière validée à la carrière cotisée, qui exclut entre autres les temps d'indemnisation maladie, maternité, chômage, invalidité et les bonifications pour enfants.

contrer le revenu différé, il importe que ce bonheur privé devienne public, en démontrant que ce que vivent les retraités au travail peut devenir le fait de tous.

La qualification personnelle pour en finir avec le revenu différé

Face à la radicalité de l'entreprise réformatrice, il s'agit de sortir les institutions salariales que sont le salaire continué dans la pension, la qualification personnelle, la cotisation sociale assise sur le seul salaire ou la retraite à 60 ans du flou conceptuel où les a laissées leur naissance pragmatique, et de montrer combien elles ouvrent des possibles émancipateurs là où la réforme maintient l'asservissement à la valeur travail. À cette fin, il faut promouvoir la hausse continue du taux de cotisation puisqu'il s'agit d'assurer un poids croissant des retraités dans la population au travail, promouvoir 60 ans comme un âge politique comme l'est l'âge de la majorité à 18 ans, promouvoir la pension comme poursuite du meilleur salaire puisque la pension consiste à attribuer au salarié la qualification de son meilleur emploi – qualification qui se substitue au patrimoine lucratif (qu'il soit notionnel ou financier).

On voit en effet combien se contenter de s'opposer au revenu différé, qui repose sur une « cotisation définie », en défendant une répartition « à prestations définies » ou d'opposer à la technique des « points »[9] de l'Arrco celle des « annuités » du régime général ou du régime des fonctionnaires serait une façon de continuer à se dérober à ce nécessaire travail à la fois théorique et politique pour s'enfermer dans une contre-expertise technique sur le terrain et avec les termes des réformateurs :

9. Le cumul individuel de points à l'Agirc-Arrco est proche du compte individuel des cotisations actualisées du régime suédois.

c'est ce à quoi s'épuise depuis vingt ans une opposition régulièrement battue. Il faut se décider à mener l'affrontement à la réforme en se servant des institutions salariales comme tremplin déjà existant d'une alternative aux institutions du capital.

Base publique d'un second pilier en capitalisation, le revenu différé est en effet une institution du capital : transposition des techniques financières dans la répartition (capital notionnel, actifs privés, dette publique, taux de rendement, rente viagère), il affirme la légitimité du seul travail subordonné (stricte contrepartie de la pension en travail subordonné du fait de la neutralité actuarielle individuelle, incitation à consacrer la hausse de l'espérance de vie au travail subordonné) et met le « public » de la répartition au service du « privé » de la capitalisation.

Le salaire continué repose sur la qualification personnelle

Pour mesurer combien le salaire continué est une institution salariale alternative au revenu différé, il faut définir son contenu, qui peut se résumer ainsi : le salaire continué repose sur une qualification personnelle. Dans la minorité significative des retraités qui sont au travail, selon des formes et sur des objets qu'ils décident, et s'en trouvent fort bien car c'est librement qu'ils contribuent à la production de la richesse (c'est-à-dire des biens et des services utiles), qui trouve-t-on ? Des personnes qui mobilisent trois atouts : une pension (éventuellement complétée par quelques ressources patrimoniales) en réel rapport avec leurs meilleurs salaires, des capacités transversales reconnues qu'ils vont pouvoir transposer (le gestionnaire d'une petite entreprise qui va devenir juge au tribunal de commerce, ou la comptable, trésorière d'un club sportif amateur), un réseau personnel de pairs qu'en général ils avaient constitué avant leur retraite, ou qu'ils ont pu construire dans les premières années de leur retraite. Ce sont là les trois ingrédients indispensables de la qualification personnelle, celle qui est attachée à la personne, et non pas à l'emploi, et qui peut effectivement se mettre en œuvre dans la liberté : l'absence de l'un des trois rend plus difficile la « seconde carrière » des retraités.

La « qualification personnelle » vient enrichir la notion de « qualification » telle qu'elle s'est construite comme innovation majeure au cours des conflits incessants sur le salaire, l'emploi et les conditions de travail : qualification de la personne[10] titulaire de son grade dans la fonction publique, qualification du poste dans le secteur privé. À chaque niveau de qualification correspond un salaire : cette mise en correspondance est opérée par le statut dans la fonction publique et par la convention collective dans le privé. La qualification renvoie au travail abstrait, et c'est là un point fondamental. Ce n'est pas le métier avec ce qu'il suppose de poids des usages, des routines, des déférences d'apprentissage : une société de métiers est une société figée. Insistons : combattre la valeur travail, c'est-à-dire le fait que le temps de travail abstrait soit la mesure de la valeur, ça n'est pas renoncer aux vertus de l'articulation entre travail concret et travail abstrait, dont il s'agit qu'elle enrichisse le premier au lieu de le détruire. La qualification est l'attestation (non scolaire – l'école certifie, elle

10. À titre exploratoire, j'utilise la distinction, qui peut paraître subtile, entre la « qualification personnelle » des retraités et la « qualification de la personne » des fonctionnaires : même si les fonctionnaires, à cause de la très précieuse distinction du grade et du poste, ne sont pas comme les salariés du privé dépendants de leur emploi, leur qualification se met en œuvre toutefois dans une plus ou moins grande hétéronomie dont les retraités sont libérés. On sait en tout cas que les droits détachés de l'emploi sont la cible de la réforme (avec le licenciement de fonctionnaires qui se trouveraient sans emploi).

ne qualifie pas –, la négociation collective a déjà dégagé de nombreuses pratiques de qualification) de capacités transversales à plusieurs métiers, regroupés dans des ensembles dont la géographie pourrait être les six ou sept conventions collectives interprofessionnelles en débat aujourd'hui (communication, éducation et culture, énergie, transports...) pour dépasser l'émiettement conventionnel actuel.

Pour bien comprendre les trois dimensions d'une qualification personnelle (capacités transversales, salaire lié, réseau de pairs), on peut évoquer deux moments importants dans la construction de la qualification. Le moment initial est celui de la distinction du grade et du poste dans la fonction publique, au XIXe siècle. Le fonctionnaire a un grade, qui sanctionne une formation et le résultat à un concours. Ce grade assure un niveau de culture générale, des capacités spécifiques mais transversales : un « capitaine » (puisque c'est dans l'armée que cette distinction entre grade et poste a été formalisée au départ) peut exercer des métiers très différents. Et sa mobilité, sa capacité à enrichir son expérience de travail, sera à la mesure de ces trois dimensions inséparables du grade : ses droits (salaire, promotion) sont liés à sa qualification, pas à son poste, et sont donc sûrs quel que soit l'aléa de l'occupation d'un poste ; ses compétences transversales lui permettent de tenir des postes différents ; son appartenance à un corps lui garantit des solidarités professionnelles qu'il retrouvera d'une affectation à l'autre. Un « gradé » a l'assurance d'être reconnu pour sa compétence dans des postes divers et jouit de la solidarité d'un corps : rien à voir ni avec la force de travail nue de l'individu sur le marché du travail ni avec l'homme de métier engoncé dans un costume étroit.

Le second moment concerne le secteur privé et l'évolution des conventions collectives : la hiérarchie des qualifications des postes de travail ne se fonde plus sur une sorte de paraphrase des métiers, ce qu'elle était souvent au départ même si la distinction manœuvre/OS/OP avait introduit une abstraction dans les métiers ouvriers, mais sur des critères transversaux aux postes de travail. Certes, parce que la logique du privé est celle de la force de travail et de la valeur travail, la qualification n'y a pas toute la richesse de celle de la fonction publique – et d'abord parce qu'elle est celle du poste et indirectement seulement celle de la personne qui l'occupe. Mais à partir du moment où les retraités du privé, lorsqu'ils liquident leur pension, se voient attribuer cette qualification jusqu'à leur mort, ils rejoignent les retraités de la fonction publique dans un statut de salariés, c'est-à-dire de porteurs d'un salaire à vie, d'une capacité reconnue et, pour ceux qui ne l'ont pas identifié avec leurs seuls collègues de poste de travail, dotés d'un réseau professionnel. Précisons en effet que ce réseau de pairs que le salarié peut mobiliser, comme sa capacité reconnue, a un caractère transversal et ne se confond pas avec les collègues du poste de travail qu'il occupe *hic et nunc*: c'est, par exemple, une association professionnelle, un réseau d'acteurs locaux, un réseau international de spécialistes, qui sont le support d'échanges, de services, d'édiction de règles d'exercice et de leur contrôle, de mutualisation d'outils, de formation, de valorisation d'activités individuelles des membres.

Ainsi armés d'une qualification personnelle, les retraités sont en mesure de travailler hors du carcan de la valeur travail: ils n'ont besoin ni de se présenter sur un marché du travail, ni de se soumettre à un employeur, ni de transformer leur production en marchandise[11]. Certes, trop peu bénéficient du soutien de leur qualification. Bien sûr, pour tous ceux qui ont un fort réseau

11. Je rappelle, pour éviter tout contresens, que la marchandise, produite selon la mesure de la valeur travail, ne se confond pas avec « ce qui est produit pour être vendu ». Tout ce qui a un prix n'est pas marchandise.

personnel et qui peuvent le faire converger avec d'autres pour des productions qui vont s'enrichir de cette synergie, le soutien est réel. Mais, d'une part, rien n'est fait, en matière de financement, de définition des objets de travail, de constitution de collectifs de travail, pour encourager des entreprises de retraités qui subvertissent ainsi la valeur travail. Et aucune *politique de qualification personnelle* n'est menée en leur direction. Il y a de cela une preuve par l'absurde, c'est que la qualification des retraités est gelée au niveau de celle qui leur a été reconnue au moment où ils sont entrés en retraite. Aucun progrès ensuite n'est organisé, les retraités n'ont pas d'occasion de se voir attribuer une qualification supérieure. Seraient-ils, entre 60 et 90 ans, condamnés à la bulle du loisir ? Le progrès de qualification des retraités n'est d'ailleurs une revendication ni syndicale ni des intéressés : encore une fois, le salaire continué, la qualification personnelle des retraités sont un trésor impensé. Affirmer la qualification personnelle des retraités dans ses trois dimensions, mener une politique les aidant à faire entreprise et à inventer ainsi les chemins nouveaux d'une production libérée de la valeur travail, voilà ce que doit devenir une politique de la retraite. Le problème de la retraite, ce n'est pas le prétendu problème démographique et sa litanie de déficits : nous montrerons l'inanité de cette croyance dans le quatrième chapitre, quand tous les éléments du déplacement du regard que propose cet ouvrage auront été présentés. Le seul problème de la retraite se formule ainsi : quand allons-nous nous décider à assumer les premières manifestations du bonheur au travail des retraités ? Quand allons-nous les généraliser parmi les retraités ? Quand allons-nous en tirer leçon pour attribuer à tous, non pas seulement après 60 ans mais de la fin du lycée à la mort, une qualification personnelle ? Quand allons-nous arrêter de nous lamenter en chœur sur le désastre dans lequel l'organisation capitaliste du travail a conduit ce dernier, et engager une politique de la qualification personnelle sur la base de cette *expérimentation à grande échelle, déjà là, du bonheur au travail* de retraités libérés de la tyrannie ? Quand allons-nous sortir de notre cécité collective et voir leur bonheur que notre habitude du malheur nous fait désigner par son contraire : le loisir bien mérité des retraités, le poids qu'ils représentent dans nos sociétés vieillissantes et autres balivernes dont on se contenterait de rire si elles n'étaient la manifestation de notre servitude volontaire.

La qualification personnelle comme projet politique

Cette politique de la qualification personnelle doit et peut devenir le cœur de la mise au travail de toutes les personnes, et pas seulement des retraités, si nous voulons sortir de la valeur travail. Les retraités ne sont pas seuls. Nous avons déjà des anticipations de la qualification personnelle dans la fonction publique, dans des professions indépendantes dont les clients sont remboursés par la sécurité sociale, dans des organisations coopératives. Au cœur même du secteur privé, nous pouvons en lire des prémices. Car autant la logique de l'emploi affirmait l'existence d'un collectif de travail avec des collègues définis par l'employeur, autant la logique du marché du travail dévaste ces collectifs liés à l'employeur : les logiques de filialisation, de sous-traitance, voire de prêt de main-d'œuvre ont des effets destructeurs sur les collectifs de travail, avec des effets en retour de personnalisation des réseaux de collègues, en particulier chez les cadres au fur et à mesure que le constat de l'incompatibilité entre la logique de l'actionnaire et celle de la production les pousse à une forme de cynisme vis-à-vis de l'entreprise. Ces désillusions de la financiarisation conduisent à des phénomènes d'individualisation des réseaux, des collectifs de travail. Il y a de toute façon une crise de l'entreprise définie autour de l'employeur et du prix comme porteurs du joug du temps de travail abstrait.

J'ai fait une enquête, qui en rejoint bien d'autres, dans une grande entreprise de technologie de pointe qui pratique une sous-traitance massive : 40 % des trois mille huit cents salariés du site sont salariés de sous-traitants, des jeunes très qualifiés qui ont au minimum un bac + 2. De plus, ils ne travaillent pas à la périphérie du processus de travail (restauration, espaces verts et autres), mais sur des portions de l'activité du donneur d'ordre extrêmement vitales, des choses par ailleurs très techniques et compliquées, qui sont sous-traitées au nom de l'idéologie du recentrage sur l'extrême cœur du métier. Cela a des effets contradictoires et qu'il faut savoir apprécier. Ces jeunes ont certes un employeur juridique, mais qu'ils n'ont en général jamais vu et avec qui ils communiquent par internet. Ils n'en attendent rien en termes de carrière, et ni le donneur d'ordre (pour éviter les procès en marchandage) ni le sous-traitant (absent du site) n'encadrent leur travail. Ils se bricolent entre eux et avec les salariés du donneur d'ordre des collectifs de travail, leur culture d'entreprise est nulle, ils aiment leur travail mais n'aiment ni ne haïssent leur employeur : ils ne se situent pas dans cette logique-là. Ce sont des salariés dans des collectifs de travail avec une forme de hiérarchie, mais ils ne revendiquent pas un employeur avec lequel négocier leur statut et ils cultivent avec soin leur formation et leurs liens avec des pairs en dehors de l'entreprise, pour un soutien, pour saisir des opportunités. Cette absence d'employeur de fait est une grande richesse, mais qui les fragilise aussi bien sûr dans un univers capitaliste qui définit les droits à partir de l'emploi, et c'est pourquoi la qualification personnelle doit avoir une quatrième dimension, non présente dans l'anticipation des retraités : l'accès au syndicat, à des institutions représentatives posées en référence non pas d'abord à l'employeur, mais au producteur collectif.

Ce rapport absolument cynique à l'employeur et pourtant cet amour du collectif de travail dans lequel on est, cette expérience que finalement on peut travailler sans employeur, il importe d'en tirer leçon.

De très nombreuses observations de situations de travail montrent que nous disposons, dans la fonction publique, dans les professions, dans le secteur non lucratif, dans les entreprises privées aussi car la dictature de la valeur travail n'est jamais absolue, de multiples voies de mobilisation professionnelle. Il s'agit de vaincre la valeur travail en universalisant l'attribution de la qualification personnelle et en menant une politique déterminée de soutien à la systématisation des synergies entre qualifiés porteurs de réseaux de sorte qu'ils s'assument comme collègues dans des entreprises définies non pas par un employeur mais par un produit. De même, la pension comme salaire continué nous fait expérimenter, depuis plusieurs décennies déjà, les voies d'un dépassement du financement des investissements par des « investisseurs » dotés de titres financiers. Mais pour voir ce déjà-là d'une expérience à grande échelle de l'inutilité de l'accumulation financière, que nous montrerons au chapitre 4, et traiter la question décisive de la propriété de l'outil de production, il faut, là encore, sortir résolument du cadre de pensée mortifère des réformateurs et oser ensemble la liberté.

Les deux formes contradictoires de régimes en répartition

Résumons-nous. La continuation du salaire par transformation de cotisations vieillesse en pensions est certes de la répartition, mais c'est surtout du salaire ! Il faut arrêter de « défendre la répartition » et au contraire conforter la pension comme salaire continué. Il y a en effet deux formes antinomiques de régimes en répartition, le régime salarial et celui de la prévoyance. Le régime salarial est porteur de l'attribution d'une qualification à chaque personne, sans exception sous quelque prétexte que ce soit, avec poursuite indéfinie du salaire. Les retraités perçoivent un salaire à la qualification pendant des décennies alors même qu'ils sont sans emploi, sans employeur, sans marché du travail. Le rapport à l'avenir ne repose sur aucun patrimoine susceptible de fournir un revenu alternatif à la rémunération des emplois puisque la distinction entre emploi et hors emploi, constitutive du binôme rémunération-prévoyance, est dépassée dans le continuum de la qualification. Le rapport au travail est libéré de la marchandise et de la valeur travail. Il s'agit là de nouveaux continents du déploiement de la personnalité humaine à découvrir. À l'inverse, le régime de la prévoyance nous enferme dans le passé. Il suppose et conforte marché du travail, emploi, marchandise, subordination, propriété lucrative. Nié dans sa qualification de producteur, l'employable prévoyant est maintenu comme un mineur économique, en permanence à la merci de l'employeur qui le pose comme simple titulaire d'un gagne-pain. Il en tire un revenu tout en se constituant des comptes épargne qui lui permettent de se relancer en permanence sur le marché du travail, et donc d'entretenir en permanence son aliénation. La prévoyance est ce qui reste lorsqu'on a déshabillé le salarié de l'essentiel, sa qualification. La multiplication des comptes notionnels s'impose alors pour assurer une sécurité et une capacité de rebondir à un travailleur placé, y compris à l'intérieur de son entreprise, sur un marché du travail qui le soumet en permanence au soupçon de distance à l'emploi qu'il occupe. La prévoyance est le pis-aller d'un avenir rendu incertain par l'absence de qualification personnelle générant un droit au salaire à vie, ce droit que la socialisation du salaire a commencé à poser dans la pension et que la représentation de la pension comme revenu différé annule.

Au contraire, les retraités dotés d'une qualification personnelle anticipent une situation qui peut s'universaliser, pour tous de la fin du lycée à la mort, en ajoutant aux trois dimensions de salaire, capacités et réseau de pairs une quatrième : l'accès à des institutions de représentation garantissant le respect du droit à la progression de la qualification. On peut aussi, pour fixer les idées, inscrire cette qualification dans une hiérarchie de quatre niveaux si l'on souhaite une hiérarchie salariale de 1 à 5, par exemple : un premier niveau de qualification avec un salaire démarrant à 2 000 euros par mois, un deuxième niveau avec un salaire démarrant à 4 000 euros, un troisième niveau au salaire de départ de 6 000 euros, et un quatrième niveau au salaire de départ de 8 000 euros, pour une hiérarchie salariale allant de 2 000 à 10 000 euros. Cette qualification est un attribut universel et irrévocable, comme le droit de vote. Elle est la condition nécessaire pour que chacun puisse participer à la définition des fins et des moyens du travail, parce que sa capacité est indiscutée, son salaire assuré, son insertion dans un réseau de pairs vivante, son recours à des institutions représentatives possible.

La qualification est ainsi un attribut politique qui enrichit la citoyenneté. Tout comme le suffrage universel a ouvert à chacun l'âge de la majorité politique et fondé un premier stade de la citoyenneté, la qualification universelle ouvrira à chacun l'âge de la majorité salariale et fondera une extension qualitative de la citoyenneté.

Sont évidemment à débattre des questions centrales comme : qui attribue la qualification, sur quels critères et selon quelles procédures ? Quel soutien institutionnel est offert à chaque salarié pour progresser dans sa qualification tout en en changeant éventuellement le champ, pour entretenir un lien vivant à un réseau de pairs, pour s'inscrire dans un collectif de travail ? Il y a là matière à une politique de la qualification qui exalte les capacités créatrices. Ce sur quoi l'exemple des retraités salariés conduit à insister, c'est sur le préalable de la qualification universelle des personnes, en rupture avec les ravages de leur disqualification permanente qu'opèrent le marché du travail et des parcours professionnels dont la sécurisation, comme on dit, organise la permanente dérobade de l'horizon de l'employabilité. Il s'agit au contraire de se fonder sur les nouvelles dimensions d'un travail confié à des personnes ratifiées dans leur qualification et ayant bonheur à lui donner libre cours.

D'abord, qualifier chaque personne, donc, car nous sommes porteurs d'une capacité de produire et non d'une capacité de gain. Là est le fondement salarial de l'égalité, l'alternative à l'équité dans la prévoyance. C'est tout autre chose que le plein-emploi : il s'agit de *passer du plein-emploi à la pleine qualification,* c'est-à-dire à l'attribution à tous d'une qualification personnelle et à son soutien constant afin qu'elle progresse. C'est aussi tout autre chose que de distribuer un revenu universel : le salaire est l'antithèse du revenu. Un revenu est le fruit d'un patrimoine lucratif (patrimoine universel en cas de revenu universel) alors que le salaire est l'expression d'une qualification. Or, patrimoine lucratif et qualification sont précisément les institutions antagonistes du capital et du salariat. Une qualification universelle révèle le travail déjà là, celui que nie la valeur travail, et constitue le support d'invention de nouveaux objets de travail. Contre la logique du capital, qui rémunère le travail sur la base de la marchandise produite (la rémunération est en quelque sorte la conséquence du travail subordonné), la logique salariale distribue les salaires à la qualification comme condition d'un travail émancipé.

Chapitre 3

De l'assistance aux victimes à la solidarité salariale

La pension de retraite est la contrepartie de l'aujourd'hui de ma qualification et non du passé de mes cotisations : elle est du salaire continué et non du revenu différé. On comprend l'importance de renoncer définitivement à l'oxymore du « salaire différé », hélas si courant, qui fait croire qu'on peut différer du salaire ou que du revenu peut être du salaire. La cotisation sociale, comme tout élément du salaire, reconnaît une qualification en acte, celle des retraités dont elle finance la pension, qui n'est donc pas du salaire différé mais du salaire actuel.

Si la pension est un revenu différé, c'est que la cotisation est une épargne : on reconnaît là le projet réformateur, mais il est en contradiction avec le salaire à la qualification construit tout au long du siècle passé et veut le ravaler au rang de revenu d'un gagne-pain en niant que les salariés sont des producteurs. Le chapitre précédent a commencé à montrer l'opposition radicale entre salaire et revenu.

Pour mesurer tout ce dont est porteur le salaire continué, sa comparaison au revenu différé doit être complétée par la comparaison avec son *alter ego*: la pension minimum. Car le revenu différé ne va jamais seul: ses promoteurs savent bien que, fondé sur un calcul individuel sans règles de compensation (comme les bonifications pour enfants) et tenant compte des périodes de très faible salaire dans les carrières professionnelles, il laisse sans ressources suffisantes tous ceux et surtout toutes celles qui n'ont pu se constituer un compte de cotisations suffisant, du fait d'une carrière irrégulière ou trop courte, ou de salaires faibles. C'est pourquoi la promotion de la neutralité actuarielle des régimes de pension est toujours doublée d'un plaidoyer pour une large solidarité nationale finançant, à côté du revenu différé, un revenu minimal garanti. Le discours réformateur se présente ainsi avec la double vertu de la *justice* de prestations strictement contributives et de la *solidarité* avec les «pauvres».

Contre la thématique de l'équité de la contributivité, nous avons vu combien la contributivité du revenu différé de Mme et M. Gagnepain, trouvant dans des comptes épargne de quoi relancer en permanence leur employabilité et entretenir ainsi sans fin leur expropriation de producteurs, trouve une alternative émancipatrice dans le salaire continué qui permet à des personnes relevant du statut commun de salarié de déployer leur qualification comme retraités.

L'objet de ce chapitre est de traiter du second terme du binôme en montrant combien le minimum garanti, qui repose sur la même dénégation de la qualification de ses bénéficiaires, est un dispositif clé de la pérennité de la figure tristounette de Mme et M. Gagnepain. Il n'y a pas de revenu différé sans minimum garanti. Déconstruire la solidarité nationale, faite de compassion envers des personnes victimisées, est une condition décisive de la victoire sur l'idéologie réformatrice, particulièrement perverse dans sa capacité à mobiliser le ressort de la solidarité au service du maintien de la dictature de la valeur travail. Davantage : le « pauvre », la « victime » appelant solidarité sont les figures limites du statut de mineur social dans lequel se trouvent tous les salariés, et on ne peut les attaquer à la racine qu'en proposant une alternative au marché du travail qui le produit. Or, précisément, le salaire continué des retraités offre cette alternative, et en retour la critique de la victimisation est décisive pour la compréhension de l'enjeu politique des retraites.

La disqualification, essentielle au capitalisme

L'argumentaire réformateur sur les retraites s'illustre dans un binôme classique d'équité-solidarité : l'équité intragénérationnelle entre des cotisants qui récupèrent exactement leur mise et la solidarité nationale avec les victimes. D'où le discours sur le progrès que représenterait l'existence d'un minimum contributif de pensions réservé à tous les pensionnés qui ont droit à la retraite « à taux plein »[1], et les cocoricos des signataires du 16 mai 2003 à propos des garanties obtenues pour les « faibles pensions ». Cet argument est au contraire doublement accablant. D'une part, parce que cette « avancée » de la réforme est en réalité un recul considérable. L'objectif d'un minimum contributif de 85 % du smic, qui est loin d'être atteint d'ailleurs, reste très en deçà du taux de remplacement de 100 % des derniers salaires inférieurs à 1 100 euros qui avait cours pour les pensions liquidées juste avant la réforme par les salariés nés en 1930. D'autre part et surtout, parce que l'existence même d'un minimum contributif assume la victimisation d'une part notable des retraités, et donc des actifs voués à le percevoir un jour.

1. Soit parce qu'ils ont attendu 65 ans pour liquider leur pension, soit parce qu'ils ont validé une carrière complète.

Le binôme équité-solidarité : les travailleurs, victimes et mineurs sociaux

Le binôme équité-solidarité nous ramène à la bonne vieille vision libérale de la justice comme mixte de justesse et de solidarité. Justesse d'une répartition strictement distributive[2] et de ce fait génératrice de richesse et de pauvreté ; nécessaire solidarité des riches envers les pauvres. C'est ce « binôme libéral » cher au XIXe siècle que le salaire socialisé est venu dépasser au XXe siècle et que les réformateurs nous proposent comme programme pour le XXIe siècle. Là encore, on reste stupéfait que d'aussi vieilles lunes fassent l'objet de si peu de critique par les opposants.

Le mouvement populaire a longtemps résisté à la désignation des « pauvres », et les ouvrages comme *Vaincre la pauvreté dans les pays riches*, de Lionel Stoléru, ou *Les Exclus*, de René Lenoir, ont fait scandale dans ses rangs à leur parution dans les années 1970. L'idée de qualifier de pauvres et d'exclus, par la négative donc, des groupes entiers de personnes contribuant à la richesse nationale se heurtait à l'imaginaire dynamique de la classe ouvrière, porteur jusque-là des luttes pour l'affirmation des travailleurs. Cet imaginaire dynamique a disparu sans être remplacé, et on est revenu à un discours tribunicien avec ses relents de misérabilisme, tandis que la définition vague de la période actuelle comme « ultralibérale », un ultralibéralisme défini comme ennemi des pauvres, fait l'impasse sur la dimension de solidarité nationale consubstantielle à un capitalisme qui, on ne le dira jamais assez, déteste les salariés mais aime les pauvres, surtout s'ils sont au travail comme « travailleurs pauvres ». Il faut être très vigilant sur la façon dont se

2. Le discours sur la répartition des ressources oppose classiquement justice commutative (à chacun la même chose) et justice distributive (à chacun selon sa contribution).

construit aujourd'hui le discours de victimisation, traditionnel dans le capitalisme mais qui prend un tour particulier avec notre croyance dans « les Marchés ».

Ouvrez une radio généraliste, n'importe laquelle à n'importe quelle heure. Viendront nécessairement les moments du reportage en direct des « Marchés » pour vous donner sur le ton de l'urgence le cours de la Bourse, dont vous vous souciez pourtant comme d'une guigne, puis du prêche d'un éditorialiste économiste. Les deux font la paire. Le journaliste-en-direct-des-marchés vous fait entrer dans le temple pour communier, même sans dévotion particulière, au rituel dont le rabâchage est fait pour raviver votre croyance et votre adhésion à la religion de l'éditorialiste. Lui, dans son prêche, vous tiendra invariablement ce discours: c'est l'actionnaire et l'« homme de très grand talent » qu'il a mis à la direction de l'entreprise qui sont les seuls légitimes pour décider de – au choix selon le sujet de l'éditorial – la fermeture de l'usine, la fusion entre deux groupes, la modification des produits et des processus de fabrication. L'actionnaire et l'homme de très grand talent sont les seuls sujets légitimes de l'économie, les salariés sont des mineurs sociaux réduits au statut de victimes, victimes des inévitables suppressions d'emplois et des non moins inévitables délocalisations, victimes d'une formation insuffisante, victimes de la crise, victimes de la Chine. Tant de victimes ont droit à la solidarité nationale, qui est de la responsabilité... des pouvoirs publics. Le couple actionnaire-victime est ainsi en permanence réactivé, naturalisé, parce qu'il est absolument essentiel au maintien des institutions du capital. Il n'y a pas de possibilité d'un droit de propriété lucrative ou de tyrannie de la valeur travail, institutions centrales du capital, sans déni du droit de la qualification au cœur du salaire, déni qui est très précisément la définition de la victime. Il n'y a pas de capital sans disqualification de toute la population au travail, jusqu'à la victimisation absolue de ceux qui ne peuvent tenir la corde raide de la contributivité telle que l'entendent les réformateurs. La victimisation est un élément central de la logique capitaliste et de toute la philosophie politique qui l'accompagne ; elle génère à la fois insécurité et compassion, l'insécurité qui alimente la dérive sécuritaire et la compassion qui remplace la justice par la charité.

Quand serons-nous athées de la seule religion qui compte aujourd'hui ? Assaillis par un discours de plus en plus insistant qui nous met en garde contre le retour du religieux, nous sommes détournés de nous libérer du seul religieux déjà là, celui dont on n'a hélas pas à attendre le retour car il nous étrangle déjà depuis les années 1980. Et alors même que nous souffrons de ses effets désastreux, nous nous tournons éperdument vers lui, anxieux de ne pas déplaire aux marchés, prêts à leur sacrifier des monceaux de monnaie dont nous savons que nous aurons à les rembourser par une austérité sinistre. Car notre salut dépend d'autant plus d'eux qu'ils nous piétinent. En tout cas, c'est ce que, tétanisés par leur impudence armée des institutions du capital, nous croyons dur comme fer. Notre compassion pour des « victimes » est à la mesure de notre fatalisme et de notre consentement au malheur.

Accepter de considérer les actionnaires comme des acteurs et les salariés comme des victimes, réclamer pour les victimes une meilleure protection, c'est s'inscrire dans le discours réformateur. Cette méprise va loin quand on considère que les dénonciations des conditions faites aux victimes reposent sur une victimisation construite par les dénonciateurs eux-mêmes : que l'on pense aux notions, qui font florès aujourd'hui, de « travailleurs pauvres » et de « précarité », construites par les chercheurs pour dénoncer ces situations, ou aux catégories de « sans-papiers » et autres, construites par les animateurs des mouvements dit « des sans ». Il n'est évidemment pas question ici de critiquer des militants admirables qui sont l'honneur de notre peuple, mais de pointer un vocabulaire problématique qui (comme celui de « salaire différé » ou de « défense de la répartition») n'aide pas à la défaite du discours réformateur dont il reprend imprudemment les mots. Qu'attend-on d'une telle intériorisation de la violence capitaliste qui consiste à déclarer «sans-papiers» quelqu'un qui a bien sûr des papiers, mais pas les bons? De même, qu'est-ce qu'un prétendu «précaire» ou «travailleur pauvre»? C'est celui à qui la qualification et le salaire sont déniés. Lui coller l'étiquette de précaire ou de pauvre, c'est l'enfermer dans le diagnostic de victimisation. Comment lutter contre la précarité ou la pauvreté? Précisément en ne luttant pas contre elles (toute lutte contre elles les entretient) mais en dénonçant l'assignation à la fonction sociale de pauvres ou de précaires des travailleurs désignés comme tels et en promouvant, contre les institutions du capital, la qualification et donc le salaire pour tous.

À l'inverse, un gouvernement qui a renoncé à toute intervention contre le capital ne peut se légitimer que par la protection qu'il va donner à des victimes. Et c'est précisément l'«urgence» bien opportune de «sauver des victimes» qu'on a soi-même désignées comme telles qui légitime la réforme. Si les opposants se posent en porte-parole des victimes au lieu de dénoncer la victimisation qui dénie le droit commun du salaire à des groupes sociaux qui de ce fait n'ont plus que le droit à la solidarité nationale, ils sont, nécessairement, quoi qu'ils fassent et qu'ils disent, à la remorque d'une réforme qu'ils s'épuisent ainsi à combattre tout en l'alimentant idéologiquement. C'est ce qu'il se passe si on dénonce à juste titre le trop faible niveau des pensions portées au minimum contributif sans combattre l'existence d'un tel minimum qui assume l'enfermement de tant de vies de travailleurs dans un smic qui, déniant leur qualification et payé en partie par les autres salariés, a perdu toutes les caractéristiques du salaire, comme nous allons le voir au point suivant. Encore une fois, l'argumentaire des opposants contribue à leur impuissance parce qu'il rejoint celui des réformateurs sur des points essentiels.

Solidarité salariale contre solidarité nationale

Pour bien comprendre que la *solidarité nationale* est consubstantielle au capitalisme, opposons-la à la *solidarité salariale* en prenant l'exemple de la réforme de l'Unédic de 1984 qui a conduit à la création du RMI en 1988. L'Unédic institue la solidarité salariale entre égaux par la socialisation du salaire, tandis que le RMI institue la solidarité nationale envers des « pauvres ». À l'époque[3], un changement de statut complet a transformé des chômeurs indemnisés par l'Unédic en chômeurs percevant le RMI. Les RMistes sont définis par les catégories administratives de la *pauvreté* alors que les chômeurs indemnisés sont des *salariés*. Affecter au RMI des sommes qui relevaient de l'Unédic et donc de la solidarité salariale jusqu'en 1982-1984 (lorsque l'Unédic a été réformée pour la première fois dans un sens restrictif des droits à indemnisation) n'est pas anodin puisque l'on passe de l'affirmation du statut de salarié pour les chômeurs à la désignation de groupes entiers d'actifs comme « pauvres ». Car le capitalisme est porteur d'une solidarité qui, loin de la charité précapitaliste, organise à large échelle des revenus minimums contrôlés par l'État. Reposant sur la disqualification d'une part croissante de la population active, cette solidarité nationale tente de retourner à la définition du travailleur comme un mineur, cette minorité sociale que précisément la solidarité salariale subvertit. Le capitalisme aime les pauvres : ce dont il est l'ennemi, c'est ceux qui sont en mesure de refuser l'incroyable violence sociale qu'il y a à déclarer quelqu'un ou un groupe social « pauvre », comme si chacun n'était pas porteur d'une capacité à créer de la richesse. Encore une fois, nous mesurons là

3. Nous verrons au dernier chapitre que le passage de l'emploi à l'employabilité a depuis considérablement changé le statut des indemnisés par l'Unédic.

les ravages d'une organisation de la production qui nie la capacité de production des personnes pour ne leur concéder qu'une capacité de gain.

L'exemple le plus massif de disqualification par victimisation, et qui s'est révélée essentielle à la réforme, est l'invention des jeunes à la fin des années 1970, quand les thématiques réformatrices qui vont saturer ensuite le discours public commencent à se mettre en place. Depuis la fin des années 1970, les salaires d'embauche ont connu un effondrement qui a fait des « jeunes » un instrument de pression à la baisse sur tous les droits salariaux. Ils succédaient en cela aux femmes, aux ruraux, aux immigrés, aux vieux quand ces populations se sont taries[4]. L'invention de la catégorie « jeunes » sur un marché du travail où ils étaient jusqu'alors ignorés comme tels s'est faite en les posant comme des victimes. Pour cela, l'État a usé d'un mensonge très grossier mais qui a parfaitement fonctionné : « un jeune sur quatre est au chômage » et, face à ce grand malheur, mieux vaut un petit boulot que rien du tout. À compter de 1977, des plans successifs « en faveur de l'emploi des jeunes » ont en trente ans complètement fragilisé l'entrée des jeunes dans le salariat en multipliant les contrats de travail au rabais. Jusqu'à ce sommet qu'ont été les « emplois-jeunes »[5] : ils

4. À la fin des années 1970, le combat féministe a rendu illégitime la discrimination salariale des femmes (ce qui ne veut pas dire qu'elle a disparu, mais elle ne peut plus être une variable explicite de la politique salariale), les vieux commencent à être transformés en salariés grâce à la diffusion des pensions, l'immigration est déclarée « zéro » (ce qui va bien sûr créer des sans-papiers largement utilisés, mais là aussi sans possibilité d'en faire une variable explicite), l'exode rural est terminé et l'Union européenne n'a pas encore intégré des pays à très faibles salaires : la réserve de population en mesure d'exercer une pression à la baisse sur les droits salariaux doit être renouvelée d'urgence, et c'est l'invention des jeunes qui va y pourvoir.

5. Imaginez la réaction à des « emplois-femmes », des « emplois-vieux », des « emplois-homosexuels », etc.

ont permis à leur époque de supprimer chaque année 40000 postes au concours de recrutement de la fonction publique pour embaucher des titulaires de bac + 2 (le niveau de formation le plus fréquent des emplois-jeunes) au smic pendant cinq ans. Ce mensonge sur le quart des jeunes au chômage repose sur la confusion, volontairement produite, entre taux de chômage et poids du chômage. Le taux de chômage est le rapport entre les chômeurs et les actifs, et il est effectivement, pour les 18-25 ans, de 20 à 25 %. En conclure qu'« un jeune sur quatre est au chômage », c'est rapporter les chômeurs à la population totale des 18-25 ans (ce qu'on appelle le poids du chômage) alors que les actifs sont 30 % seulement de cette tranche d'âge. Un taux de chômage de 25 % signifie que le quart des 30 % de jeunes actifs sont au chômage, soit 7,5 % des jeunes : le poids du chômage chez les 18-25 ans est de 1 sur 12. Ce qui est beaucoup, bien sûr, mais ne justifie absolument pas des mesures discriminatoires. C'est pourtant ce qui s'est fait. Depuis la fin des années 1990, les mesures expérimentées sur les jeunes ont été banalisées par la victimisation généralisée de la moitié des salariés sous des prétextes divers et variés : c'est ainsi que les exonérations patronales de cotisations sociales au régime général concernent la moitié des salariés du secteur privé et 20 % des salariés du secteur public. À partir du moment où quelqu'un est une victime, il n'a plus accès au droit du travail normal, il a droit à la solidarité nationale. Si l'État intervient massivement dans le financement et la définition des ressources de la moitié la moins payée de la population active, c'est comme État-providence des travailleurs niés comme salariés : loin d'être en crise, l'État-providence est en cours de construction, contre l'État social soutien de la socialisation des salaires, en direction de catégories de populations victimisées. Sa principale assise idéologique aujourd'hui est la naturalisation des victimisés comme « précaires » ou « travailleurs pauvres » dans un discours hélas commun, qui dévoie le diagnostic du déni de qualification dont ils sont l'objet.

Mais cette victimisation a un second volet que nous allons examiner maintenant : l'urgence de sauver l'emploi des victimes.

L'emploi « non qualifié » meurt d'être sauvé

L'« urgence » de « sauver » des victimes accompagne ou se double en effet de l'« urgence » de « sauver » leur emploi, décrété bien sûr « non qualifié ». Ce sauvetage va être l'occasion de changer son sens et, avec lui, le sens du smic. L'enjeu pour les retraites est fondamental, en termes de gel, voire de recul, du taux de cotisation et d'entretien du minimum contributif.

Emploi et salaire : de la conjonction à la contradiction

Les années 1960-1970 ont vu culminer la logique de l'emploi en construction depuis les années 1920. L'emploi dans le secteur privé est un compromis, à la fois construction patronale et conquête des travailleurs, qui les libère partiellement du fardeau du marché du travail. On le trouve d'abord dans des secteurs à forte tradition corporatiste, qu'il s'agisse de branches, comme la banque, d'entreprises paternalistes, comme dans la sidérurgie, ou « à statut », comme la SNCF ou EDF. Ce sont dans ces lieux échappant en interne à la logique du marché du travail que l'emploi a pu se construire pour le personnel permanent. Statuts et dispositifs conventionnels dressent des hiérarchies de qualification, au départ liées aux métiers puis transversales, et y font correspondre des grilles de salaire respectées par les employeurs. Des régimes complémentaires au même périmètre bien circonscrit, financés directement par les employeurs, reconnaissent des temps dits « hors emploi » (maladie, invalidité, retraite) parce que fortement corrélés à l'emploi.

La dynamique de l'emploi marginalise ainsi le marché du travail en créant des marchés internes de grandes entreprises ou de branche, avec à l'intérieur de ces marchés internes une régulation des tarifs, des règles de mobilité, des conditions de travail, de l'embauche et du licenciement. Cette dynamique va se diffuser à travers les conventions collectives, les accords nationaux interprofessionnels et le droit du travail, qui construisent un ordre public social, plus ou moins épais selon les branches (que l'on pense à l'hôtellerie, à la réparation automobile, au commerce, plutôt mal lotis) et qui culmine au milieu des années 1970 avec l'affirmation du CDI comme norme de l'emploi.

On assiste ainsi à la construction conjointe, dans le conflit et la négociation collectifs, des organisations syndicales représentant des titulaires d'emplois et des organisations de patrons qui deviennent des employeurs au sens où ils s'inscrivent eux aussi dans une logique d'affectation au poste de travail d'un certain nombre de droits salariaux, c'est-à-dire de transformation de postes de travail en emplois. Cette logique de l'emploi est ainsi profondément ambivalente : elle marginalise le marché du travail tout en maintenant sa logique fondamentale puisque la qualification, les droits de protection contre le licenciement ou les règles de l'organisation du travail sont un attribut du poste de travail (et donc de l'employeur) et non pas de la personne des employés. L'affectation des personnes aux emplois reste marchande et les employeurs sont les maîtres de la reconnaissance de la qualification, de la mobilité des employés, de la définition des fins et des moyens du travail : l'ordre public social et son principe de faveur[6] protègent l'employé parce que c'est un mineur social, la subordination est au cœur du droit du travail.

6. En cas de doute sur la norme ou de conflit de normes, c'est celle qui est la plus favorable au salarié qui s'applique.

Est porteur d'émancipation politique, en revanche, le fait que l'emploi va être la matrice du salaire. Du salaire direct, car la convention collective définit les salaires selon une grille de qualification des postes qui s'impose à l'employeur, et cette qualification des postes, à travers le salaire, est aussi partiellement celle du salarié : d'un emploi à l'autre, il peut se prévaloir de la qualification de son poste antérieur pour négocier un niveau de salaire, et la justice pourra lui donner raison s'il refuse, comme le disqualifiant lui, une disqualification de son poste de travail.

Matrice aussi de l'autre dimension du salaire, à savoir la cotisation sociale qui connaît alors une montée en puissance tout à fait considérable, souvent comme réponse patronale à la revendication de hausse des salaires directs : par exemple, une cotisation à une caisse d'allocations familiales permettait aux patrons confrontés aux grèves de 1936 d'éviter une hausse générale des salaires en la concentrant sur les seuls chargés de famille ; les régimes complémentaires de retraite dans la métallurgie ont connu une forte croissance dans les années 1950 pour éviter la contagion de hausses de salaires dans la branche. Mais cette création pragmatique a eu des effets imprévus : la cotisation sociale est une mutualisation du salaire née de la relation d'emploi mais qui la dépasse. Avec ou sans emploi, un salarié a droit à l'assurance maladie, aux allocations familiales, à la retraite, au chômage : le salaire a une application beaucoup plus large que le seul champ de l'emploi et nous avons vu, avec le salaire continué des retraités, les possibles ainsi ouverts en termes d'émancipation de la soumission du travail à la valeur travail.

Alors que l'emploi s'est construit en affectant des droits salariaux aux postes de travail, le « sauvetage » de l'emploi non qualifié va être mené au nom du mouvement contraire : la « mise au service de l'emploi » de ces droits salariaux. Cela va vider l'emploi de son contenu émancipateur pour ne lui laisser que son rôle de subordination de forces de travail achetées sur un marché. De même, l'« employeur » de la phase précédente, qui concédait des droits salariaux attachés au poste de travail, devient un « employeur » au sens nu d'acheteur de forces de travail. Posée au cœur de la stratégie européenne pour l'emploi, cette inflexion est devenue omniprésente depuis les années 1990. *Jobs, Jobs, Jobs*: tel est le titre emblématique du rapport pour la Commission européenne du Premier ministre hollandais, ancien leader syndical, qui avait mis en route dès 1982 dans son pays un pacte national sur la « modération salariale », posé à l'époque en modèle par les instances de l'Union européenne[7]. L'emploi est depuis la réforme le prétexte à tous les mauvais coups contre le salaire, qui ont conduit à ce que les salaires, qui représentaient 70 % de la valeur ajoutée avant la réforme, n'en représentent plus aujourd'hui que 60 %. Ces dix points perdus pour le salaire sont allés au profit non pas pour investir mais pour alimenter la bulle spéculative que les peuples paient aujourd'hui... de leurs emplois et de leurs salaires: la prétendue modération salariale est en réalité un pillage du salaire qui se révèle désastreux pour l'emploi.

Les méfaits de la « détaxation du travail » et la nécessaire hausse des taux de cotisation sociale

La principale mise en cause du salaire au nom de l'emploi est l'attaque contre les cotisations sociales, absolument centrale dans le dispositif et très insuffisamment combattue, quand elle n'est pas menée par une singulière méprise... par les opposants à la réforme eux-mêmes. En matière de vieillesse, les choses ont commencé, rappelons-le, par le gel des cotisations patronales depuis

7. Wim Kok, *Jobs, Jobs, Jobs. Creating more employment in Europe*, rapport du groupe de travail sur l'emploi, Commission européenne, 2003.

1979 (d'abord en dessous du plafond, puis, depuis 2001, au-dessus). Ce gel est une arme absolue pour imposer la baisse des taux de remplacement ou l'allongement de la durée de cotisation. Il est clair que la nécessaire progression de la part des pensions dans l'ensemble des salaires distribués, du fait du poids croissant des pensionnés, n'est possible sans baisse du taux de remplacement ni allongement de la durée de cotisation que si les cotisations augmentent plus vite que les salaires bruts : on ne peut pas attendre un financement suffisant de la seule hausse des cotisations mécaniquement induite de l'augmentation de la masse des salaires bruts, par exemple. La hausse des salaires doit aller à la fois aux salaires directs et à la hausse des taux de cotisation sociale. Les opposants à la réforme n'ont aucune raison de ne pas oser (ce qui est leur cas aujourd'hui en majorité) revendiquer, contre le gel des cotisations, une hausse de leur taux qui, régulièrement menée en n'y affectant qu'un peu plus du quart de la hausse annuelle du PIB, permettra sans problème de passer de 12 à 18 ou même 20 % du PIB d'ici 2050 pour les pensions, comme nous le verrons au chapitre 4. Alors que pour les contraindre dans un 15 % ou un 16 % que rien ne justifie, sinon la volonté d'affecter les gains de productivité au seul profit, les réformateurs veulent continuer à augmenter l'âge de la retraite et réduire le taux de remplacement. Ces mesures, qui éloignent les pensions de leur référence au salaire, sont une régression majeure. Non pas simplement parce qu'elles entraînent une baisse du pouvoir d'achat des pensions, mais d'abord parce qu'elles leur ôtent leur fonction de garantie de la qualification des retraités, renvoyés à la solidarité nationale et à la prévoyance.

À côté du *gel* de leur taux, l'attaque contre les cotisations sociales conduit également à sa *réduction* : pour tous les salaires, depuis la suppression d'une partie des cotisations santé, famille ou vieillesse pour les remplacer par un impôt, la CSG ; et pour la moitié des salaires (les plus faibles) depuis que les cotisations patronales au régime général de sécurité sociale sont l'objet d'une exonération dégressive sur les salaires inférieurs à 1,6 smic[8]. Cette réduction des taux de cotisation, qui fait que les cotisations, qui représentaient 80 % du financement de la sécurité sociale avant la réforme, n'en représentent plus aujourd'hui que moins des deux tiers[9], est menée sur l'incroyable argument de la détaxation du travail, dont on s'étonne qu'il n'ait pas été combattu plus fortement par les opposants. Si l'on prend l'exemple des exonérations de cotisation patronale, que signifie cette prétendue « détaxation du travail » ? Deux choses d'une exceptionnelle gravité, que l'on comprendra avec cet exemple du smic de 2010: soit un salaire de 1055 euros nets, ou 1344 euros bruts. Normalement, la cotisation patronale devrait être de 605 euros, et le salaire total de 1344 + 605 euros, soit 1949 euros, 1055 nets et 894 de cotisations. Avec l'exonération des cotisations patronales au régime général, la cotisation patronale n'est que de 256 euros, soit un salaire total de 1344 + 256 = 1600 euros : la « détaxation du travail » a réduit le salaire de 18 % ! Les 349 euros manquants sont remplacés par une dotation budgétaire au régime général, ce qui veut dire que les contribuables, c'est-à-dire les salariés pour l'essentiel (à travers la TVA, principal impôt et de loin), paient ce que les patrons ne paient plus. Et le raisonnement vaut évidemment *a fortiori* pour le revenu de solidarité active, qui fait payer par les salariés comme contribuables l'essentiel ou une part notable du salaire direct

8. La médiane des salaires (qui sépare les 50 % les moins élevés des 50 % les plus élevés) est de 1600 euros nets par mois, soit 1,5 smic, dans le secteur privé.

9. Au cours des années 1980, la part des cotisations dans le financement de la protection sociale varie entre 78 et 80 %. En 2007, elle est de 65,5 % (DREES, Comptes de la protection sociale, d'après IRES, *La France du travail*, Éditions de l'Atelier, 2009, p. 103).

lui-même! « Détaxer le travail », c'est taxer les salariés tout en réduisant les salaires, c'est-à-dire en dégageant les employeurs de leur responsabilité dans la reconnaissance des qualifications. Et c'est ici la seconde conséquence fort grave de la « détaxation du travail » : le smic n'est plus la reconnaissance d'une qualification, c'est un forfait de solidarité avec des travailleurs niés dans leur qualification et posés comme « pauvres » ou « victimes » justiciables de la solidarité nationale. Le smic n'est plus un salaire, le premier de la hiérarchie des qualifications, c'est le revenu de ceux à qui le salaire est refusé et dont la perception leur vie durant les conduira, comme retraités, à la solidarité du minimum contributif. Lorsque l'on observe qu'un nombre croissant d'emplois sont payés non plus à la qualification mais par un pourcentage du smic, on mesure à quel point, à côté des conventions collectives salariales, des vies de travailleurs peuvent maintenant se dérouler sous la tutelle de la solidarité nationale.

Le saccage de la cotisation sociale au nom de la sauvegarde de l'emploi prend enfin une troisième forme, sa *déconnexion du salaire*. La cotisation est une nouveauté passionnante parce que, mutualisation du salaire à la qualification, elle reconnaît le hors-emploi sur le mode de la qualification. En effet, strictement proportionnelle au salaire brut, selon un taux qui ne tient compte d'aucune autre considération que la qualification du poste auquel ce salaire brut est lié, elle conforte la reconnaissance de la qualification des cotisants et celle de ceux à qui elle est destinée, retraités, soignants, chômeurs, parents. En finançant les pensions sur la base du seul salaire, la cotisation maintient cette référence à la qualification dans le hors-emploi de la retraite. La qualification, attribut du poste de travail donnant lieu à cotisation retraite, devient dans la pension financée par cette cotisation un attribut de la personne du retraité, lui garantissant ainsi un statut irrévocable de qualifié alors même qu'il n'a plus aucun emploi. C'est en cela que la logique du salaire, née dans l'emploi et constitutive de l'emploi, s'oppose fondamentalement à celui-ci : le salaire dépasse l'emploi de toutes parts, il est porteur d'une reconnaissance des personnes comme productrices indépendamment de l'emploi.

À l'inverse, préconiser, faute d'une hausse du taux des cotisations, de taxer les produits financiers, de changer l'assiette de la cotisation ou de moduler son taux pour inciter les employeurs à un comportement d'emploi vertueux, c'est à la fois consentir tacitement à l'argument de la cotisation sociale comme ennemi de l'emploi (puisque les cotisations d'un employeur seraient réduites s'il embauche) et fragiliser le lien à la qualification d'un financement de la sécurité sociale partiellement fiscalisé puisque son assiette ne serait plus la seule masse salariale. C'est identifier la protection sociale à un revenu et non pas à un salaire.

En définitive, les opposants à la réforme doivent combattre, du point de vue des droits salariaux dont l'emploi est porteur, la « défense de l'emploi » menée par les réformateurs. Ils seront alors en mesure de se battre pour la hausse des taux de cotisations patronales assises sur le seul salaire et de montrer que la « détaxation du travail » est une imposture qui détruit l'emploi en le transformant en son contraire, le job.

Qualification personnelle et solidarité salariale : pour en finir avec le marché du travail

Ici encore, la lutte *contre* la solidarité avec les victimes ou *contre* la défense de l'emploi telles que la réforme les conduit est insuffisante. C'est une lutte *pour* qui seule peut emporter la conviction des salariés et les conduire à se mobiliser pour le passage d'une solidarité envers les pauvres à une solidarité entre égaux. Cette lutte n'a pas à chercher dans l'utopie où se mener : la pension comme salaire continué lui fournit un tremplin adéquat et déjà institué.

La victimisation d'une partie notable des personnes au travail est la forme extrême de la disqualification qui les frappe toutes. On ne peut pas espérer surmonter cette victimisation si on n'en finit pas avec la disqualification des producteurs qui est au fondement des institutions du capital. Posées comme titulaires d'une capacité de gain, les personnes sont niées dans leur capacité de produire parce que cette expropriation est essentielle à la valorisation de capitaux. La réduction des personnes à de la force de travail vouée à produire des marchandises sous le joug de la valeur travail est la condition *sine qua non* du profit. Les producteurs ne sont plus les sujets de la production, les actionnaires et tous ceux qui dirigent les entreprises en leur nom usurpent le statut de sujet et les disqualifient. Producteurs, ils sont ravalés au rang de « demandeurs d'emploi » sur un « marché du travail ». Et le chômage inhérent à ce statut de force de travail pèse à la baisse sur les droits salariaux. Il faut en finir avec le marché du travail.

L'actualité ouvre bien des yeux, même si sa violence peut accabler autant que mobiliser. Nous voyons ce qu'a d'odieux et d'inefficient une logique de « relance » qui donne une prime – et quelle prime ! – aux actionnaires des banques et des grandes entreprises à qui des centaines de milliards sont distribués au nom de l'impossibilité de leur disparition, mais qui considère comme inéluctable que les travailleurs, eux, disparaissent avec leurs postes de travail ou voient leur salaire amputé. Que dit-on, hélas, à un jeune qui vient de se former à un diplôme ? Qu'il doit maintenant se vendre. Lui qui représente une force vive, il est transformé en demandeur, dépendant d'une définition des emplois sur laquelle il n'a aucune prise. Au lieu que soit valorisé dans une qualification l'effort de certification qu'il vient de faire, il va se heurter à des employeurs ou à des intermédiaires sur le marché du travail qui vont le définir par sa distance à l'emploi. Au lieu de reconnaître sa qualification, on lui enjoint d'améliorer son employabilité. Or, nous ne nous indignons pas que des jeunes doivent « entrer sur le marché du travail », alors que nous nous indignons à juste titre de l'existence d'un marché de l'eau ou d'un marché de la santé. N'est-il pas curieux que nous réclamions la fin du marché de l'eau mais pas la fin du marché du travail ? N'est-ce pas là le signe d'une aliénation profonde dont il nous faut absolument sortir ?

Ce que je viens de dire des jeunes vaut évidemment pour les chômeurs : entrer au chômage, c'est voir sa qualification niée en même temps que l'injonction d'améliorer son employabilité est accentuée. Cette injonction paradoxale vaut pour tous les salariés du privé, qui n'ont pas de qualification personnelle puisqu'ils ont la qualification de leur poste de travail, et qui vivent en permanence avec l'épée de Damoclès que leur adéquation au poste puisse être contestée. Leur vie professionnelle est une course sans but atteignable vers une employabilité que les employeurs jugent à chaque instant insuffisante puisqu'ils détiennent les clés de l'emploi : c'est aux postes de travail, dont ils ont l'absolue maîtrise, qu'est attribuée la qualification qu'ils refusent aux travailleurs. Tant que ce sont les emplois qui sont qualifiés et pas les travailleurs, tant que ce sont les emplois qui fondent les droits sociaux, et d'abord le droit au salaire, alors les employeurs sont maîtres du jeu, alors ils peuvent s'approprier notre capacité de création et la transformer en force de travail.

Cela suffit ! Notre qualification et notre salaire ne doivent plus dépendre des décisions d'employeurs sur un marché du travail. Notre qualification et notre salaire doivent être des acquis définitifs, qui ne peuvent jamais régresser au cours de notre vie, qui ne peuvent que progresser jusqu'à notre mort. Il faut en finir avec les employeurs et avec les emplois. La nostalgie du bon emploi n'est pas bonne conseillère pour nous aider à affronter la transformation des emplois en jobs qu'opère la réforme. Vaincre la réforme ne se fera pas dans le retour à un vrai plein-emploi. Nous avons mieux à faire qu'à renouer avec la phase progressiste de l'emploi quand, au tournant des années 1970, il a été la matrice du salaire socialisé, car c'était au prix exorbitant de la subordination à des employeurs. Précisément, la socialisation du salaire nous offre de quoi sortir par le haut de ce carcan. Le salaire continué dans la pension libère le travail des retraités. Son irrévocabilité leur donne la possibilité de mettre en œuvre leur qualification sans marché du travail, sans employeurs et sans emploi.

Sur ce modèle, en finir avec le marché du travail suppose d'attribuer à chacun, à la sortie du lycée, une qualification avec le salaire (forcément supérieur au smic) et le réseau de pairs qui vont avec s'il ne poursuit pas d'études, un forfait salarial (le smic) s'il continue à étudier. La qualification et le salaire qui lui est lié sont des attributs de la personne, ils ne peuvent pas lui être retirés, ils ne peuvent pas être réduits, ils ne peuvent que progresser au cours de la vie (par exemple, d'au moins un échelon dans une hiérarchie des qualifications de 1 à 4 correspondant à une échelle des salaires de 1 à 5). Et comme la qualification ne peut s'exercer que si les qualifiés font entreprise dans un collectif de travail, deux autres attributs de la personne doivent être ajoutés à la qualification et au salaire : l'aide à la constitution et à l'entretien d'un réseau de pairs[10] pour rester en permanence socialisé dans le champ de la qualification dont on est titulaire, et le droit à une institution représentative pour faire valoir ses droits.

10. Le réseau de pairs est lié à la personne du salarié, il peut le mobiliser à tout moment ; alors que le collectif de travail est l'ensemble de ses collègues sur son lieu de travail. Le réseau de pairs renvoie aux personnes, le collectif de travail renvoie aux entreprises.

On le voit, il ne s'agit donc pas d'abord de sécuriser la condition des travailleurs. Ce vocabulaire de la sécurité a intériorisé le fait que, dans le capitalisme, les travailleurs sont des mineurs sociaux : ils sont récusés comme étant les producteurs, et ils ont droit non pas à la direction de l'économie mais à la sécurité du revenu et de l'emploi. L'enjeu des retraites, c'est précisément de sortir de la revendication de sécurité du revenu et de l'emploi pour promouvoir une nouvelle figure du travailleur en mesure de soutenir notre aspiration commune à diriger l'économie pour sortir de l'économisme de la valeur travail : un salarié titulaire à partir de 18 ans d'un salaire à la qualification à vie et qui trouve les appuis institutionnels lui permettant d'exercer sa qualification dans des collectifs de travail.

Alors la solidarité entre égaux est fondée : non pas celle des prévoyants vers ceux qu'ils vont qualifier de pauvres, mais celle de la délibération politique dans l'attribution de la qualification à chacun et dans le souci de son exercice effectif. Cette autre solidarité, salariale, correspond à un autre sens de la contribution, salarial lui aussi : non pas la contributivité de la prévoyance qui compare contributions et pensions dans une logique du revenu, seul espace laissé à des « forces de travail », mais la contribution à la production commune de producteurs posés comme tels et déployant leur qualification personnelle.

Chapitre 4

La pension comme salaire continué : une alternative économique et politique

Nous nous sommes intéressés jusqu'ici aux enjeux de la retraite en termes de statut des personnes et de travail, à la fois parce que c'est fondamental et parce que cela n'est jamais mis sur la table : il fallait donc d'entrée de jeu déplacer le centre du débat. Résumons cette première et décisive étape.

Le capitalisme, c'est d'abord une mise au travail selon la mesure de la production par le temps de travail, ce que l'on désigne sous le terme de valeur travail. Cette abstraction est génératrice d'une contradiction essentielle : la production s'émancipe des modalités traditionnelles du travail et c'est la source d'une dynamique infinie dans la production de marchandises, tandis que se creusent les effets de l'exploitation et de l'aliénation de producteurs dépossédés de leurs capacités créatrices et voués à produire des marchandises qui leur échappent. Cette contradiction est particulièrement visible dans les pays développés comme les nôtres. Nous sommes, objectivement, bien plus riches qu'il y a quarante ans : le PIB a doublé en euros constants, notre pouvoir d'achat a considérablement augmenté. Et pourtant nous vivons plus mal cette dimension décisive de notre existence qu'est le travail. En d'autres termes, le capitalisme tient ses deux promesses : créer des marchandises et exploiter les personnes, et leurs effets conjugués sont devenus insupportables. Le constat d'une consommation plus large ne compense plus l'expérience amère de l'incertitude, du désintérêt, du mépris et de la fatigue au travail, d'autant que le doute s'est installé à propos de produits dont le caractère toujours plus marchand altère la qualité ou la finalité. Bref, les apories d'une production dynamique qui mutile les personnes et dévoie les produits sont en train d'éclater au grand jour. Le bateau prend l'eau, et le travail et le statut des personnes sont aujourd'hui présents dans le débat public.

Soit parce qu'ils sont du côté de ceux qui en profitent, soit parce qu'ils ont renoncé à se représenter et donc à construire un autre monde possible, les réformateurs tentent d'écoper le navire en confortant les institutions du capital. Souhaitons-leur bon courage, et combattons-les fermement car un pouvoir aux abois est particulièrement dangereux. Leurs opposants ne sont guère mieux lotis. Certes, leur proximité avec celles et ceux qui souffrent au travail les conduit à refuser la réforme, mais sur le terrain et avec les arguments de leurs adversaires. Car ils ne sont pas suffisamment attentifs à ce qui, aujourd'hui, constitue déjà une mise au travail émancipée de la valeur travail et subversive des institutions du capital. Faute de s'appuyer sur ces tremplins déjà là, ils s'épuisent dans des dénonciations et des propositions sans efficacité.

La retraite comme salaire continué est un de ces tremplins. Les retraités dotés d'une qualification personnelle dans sa triple composante de salaire à vie, de capacités transversales reconnues et de réseau personnel de pairs sont à l'œuvre dans le bonheur d'une production émancipée de la marchandise, du marché du travail, des employeurs, de la valeur travail. Ce qui vaut après 60 ans doit aussi bien sûr valoir avant, d'autant que d'autres situations de travail sont elles aussi, quoi que de façon moins complète, déjà partiellement émancipées des institutions du capital : la fonction publique, qui repose davantage sur la qualification personnelle que sur l'emploi tenu, des professions indépendantes répondant à une demande prise en charge de façon plus ou moins publique et de ce fait émancipées plus ou moins de la marchandise et de l'emploi comme les médecins conventionnés de secteur 1, les intermittents du spectacle, de multiples associations de consultants ou autres, des producteurs indépendants ou en coopérative. Toutes ces situations qui anticipent un autre rapport au travail sont évidemment la cible des réformateurs, mais elles sont également très insuffisamment mobilisées par ceux qui s'opposent à la réforme pour proposer une alternative. Ce livre veut y aider et s'est attaché jusqu'ici au passage du plein-emploi à la pleine qualification, et à ce qu'il représente d'alternative aux institutions du capital majeures que sont le marché du travail, l'emploi, la valeur travail, la marchandise, le revenu différé garanti, la solidarité avec les victimes.

Je voudrais maintenant souligner l'enjeu des retraites sur un terrain davantage macroéconomique. Car si la qualification personnelle nous libère des institutions du capital que nous venons d'énumérer, ce qui n'est pas mince, qu'en est-il de la dictature des marchés, que nous n'avons fait qu'évoquer jusqu'ici, et de la forme capitaliste de la création monétaire qui, si elles ne sont pas vaincues, nous laisseront bien démunis avec nos qualifications personnelles ? Cela va être l'occasion d'aborder des questions plus souvent discutées dans le débat sur les retraites, comme les fonds de pension, le choc démographique ou la solidarité intergénérationnelle. Nous les traiterons comme nous avons procédé jusqu'ici : nous analysons chaque fois la réforme puis l'alternative que lui offre déjà la pension comme poursuite du salaire.

Critique de l'épargne retraite : de la propriété lucrative à la propriété d'usage

L'éloge réformateur de l'épargne retraite repose sur deux arguments. Le premier est l'« équité intergénérationnelle » : les droits à pension que se constitue la génération aujourd'hui au travail seront une charge excessive pour la génération future, qui se voit imposer des obligations sans pouvoir en débattre. Outre la réduction des droits en cours d'acquisition par une réforme qui allonge la durée de cotisation sans droits supplémentaires, il faut que chaque génération, au moins partiellement, finance ses propres pensions par de l'épargne qui sera liquidée lors de son entrée en retraite. Ainsi les épaules des enfants ne seront pas surchargées par les privilèges des parents. Et si cette équité intergénérationnelle est nécessaire et possible, c'est parce que – second argument – le travail va venir à manquer, en tout cas relativement aux besoins à satisfaire (on reconnaît là la rhétorique du « problème démographique »), et nous serons heureux lorsque viendra la disette d'avoir épargné des fonds que nous pourrons alors liquider pour compenser le déficit en travail.

L'illusion d'une épargne substituable au travail

Je traiterai dans la suite du chapitre la problématique intergénérationnelle et la question démographique, mais je voudrais critiquer ici l'argument selon lequel l'épargne, vue comme un report à plus tard d'une ressource non consommée au moment de sa distribution, pourrait venir au secours de l'insuffisance future de travail.

Il s'agit là d'une représentation tout à fait inexacte de l'épargne, et la démonstration en a été faite par Adam

Smith dès 1776 dans l'ouvrage inaugural de l'économie politique, sa *Recherches sur la nature et les causes de la richesse des nations*[1]. Il y répond, dès la première ligne, qu'il faut chercher la nature et les causes de la richesse dans « le travail annuel de la nation ». Insistons sur le mot « annuel ». L'épargne n'est pas un congélateur, elle n'est ni épargne de monnaie ni épargne de valeur : la monnaie déposée ne va pas sous un matelas, et la valeur disparaît en général dans l'année sauf si elle est portée par des biens durables. La monnaie déposée pour l'épargne sert à acheter des titres financiers qui n'ont en eux-mêmes aucune valeur. Mais – et c'est l'origine de la croyance dans leur capacité à congeler de la valeur – ils sont (au nom du droit fondateur du capitalisme, le droit de propriété lucrative) des attestations de droits à valoir sur la monnaie en circulation le jour où ils seront liquidés. Si la monnaie ne préexiste pas à cette transformation des titres en monnaie, les titres ne valent rien. Or, c'est le travail courant qui rend possible cette création de monnaie préalable à la liquidation des titres. Autrement dit, à supposer que les retraites soient assurées par l'épargne des fonds de pension, la vente de titres nécessaire à la transformation de l'épargne en pensions en 2040 sera fonction de la monnaie dont disposeront alors les actifs désireux de les acheter pour se constituer eux-mêmes des droits. Cette monnaie sera l'équivalent de ce qu'ils auront produit par leur travail de l'année 2040. Dans ce cas, l'épargne ne sert à rien puisque les actifs auraient pu affecter à des cotisations transformées en pensions sans aucun recours à l'épargne cette monnaie utilisée pour acheter des titres. De deux choses l'une : soit il n'y aura pas assez de travail en 2040 et les titres épargnés, prétendument pour apporter un supplément à la valeur de la production, ne vaudront rien ; soit

1. Adam Smith, *Recherches sur la nature et les causes de la richesse des nations*, Flammarion, Paris, 1991, 2 vol.

il y aura assez de travail et ils seront inutiles. Et dans tous les cas, c'est la monnaie détenue par les actifs qui financera les pensions. L'épargne n'est pas une opération interpériodique de soi à soi par laquelle de la monnaie ou de la valeur sont transférées d'une période à l'autre sous forme d'un « revenu différé », chacun récupérant demain sa mise d'aujourd'hui. L'épargne est un rapport social intrapériodique dans lequel la propriété de titres est une propriété lucrative qui donne à son détenteur le droit de recevoir une partie de la monnaie mise en circulation à l'occasion de l'attribution de valeur à la richesse[2] produite. Qu'on soit en répartition ou en capitalisation, c'est toujours le travail de l'année qui produit la richesse correspondant à la monnaie qui finance les pensions de l'année. L'épargne ne peut donc en aucun cas être un substitut du travail.

Pourquoi alors une telle propagande pour l'épargne retraite ?

D'une part, parce que, en l'absence de règles politiques établissant la répartition de la monnaie correspondant au travail mondial, la propriété de titres permet de ponctionner de la monnaie dans le monde entier, par la rente à défaut de le faire par le droit du travail. C'est ainsi que les fonds de pension californiens exercent une ponction rentière sur le portefeuille des travailleurs des entreprises françaises, et qu'il nous est promis par les réformateurs que dans trente ans, à défaut de travailleurs en nombre suffisant en France, les fonds de pension que nous aurons constitués nous permettront de ponctionner de la rente sur les Chinois... à charge pour les Chinois de ponctionner en Afrique, et aux Africains de ponctionner sur la Lune. Nous trouvons là le cercle vicieux de toute logique impériale.

2. La richesse est la quantité de biens et services produits, dont une partie se voit attribuer une valeur. La monnaie correspond à la partie valorisée de la richesse.

D'autre part, la propagande pour l'épargne retraite repose sur le fait que, nécessairement, la rente progresse plus vite que les salaires, donc plus vite que les cotisations pour la retraite, et d'autant plus vite que les salaires stagnent. Elle vient en effet d'un « retour sur investissement » par définition supérieur au rythme de la production : si tout le monde était rentier, personne ne le serait. Se faire gloire comme le font les réformateurs de ce que « la rentabilité moyenne d'un euro investi dans la capitalisation est trois fois supérieure à celle d'un même euro placé dans la répartition », c'est avouer très ingénument que toute épargne retraite est le vol d'une minorité sur le travail d'autrui.

La réforme au secours de la propriété lucrative

On ne peut donc pas se contenter de récuser les fonds de pension au nom du peu de fiabilité d'un rendement certes statistiquement très sûr mais soumis au niveau individuel aux aléas du marché financier. Contrer le discours réformateur, c'est dénoncer la propriété lucrative elle-même, institution majeure du capital avec son cortège d'investisseurs, d'actionnaires, d'éloge de l'épargne salariale et de la prévoyance : la propriété de titres financiers donne droit à une partie de la monnaie correspondant à la valeur du travail courant d'autrui, que ce soit aujourd'hui (dans le dividende ou le taux d'intérêt) ou demain lors de la liquidation des titres. Cette propriété lucrative doit être soigneusement distinguée de la propriété d'usage : quand j'habite l'appartement dont je suis propriétaire ou quand je conduis ma voiture, je dispose d'une propriété d'usage d'un patrimoine (au sens de biens durables privés) que je consomme. Alors que la propriété lucrative, au contraire, est un patrimoine non consommé par son propriétaire qui en tire un revenu : une maison qu'il loue à autrui au lieu de l'habiter, et surtout, aujourd'hui, un portefeuille de titres. La propriété lucrative est aujourd'hui un des obstacles majeurs à la propriété d'usage, qui repose sur le niveau des salaires. Un des résultats essentiels du pillage sur les salaires des trente dernières années est que le partage du revenu disponible des ménages a été complètement modifié au détriment des revenus du travail, fondement de la propriété d'usage, et à l'avantage des revenus de la propriété, résultats de la propriété lucrative. Qu'on en juge : rapportés aux salaires nets, les revenus nets de la propriété passent de 20 à 25 % entre 1949 et 1969, descendent en dessous de 25 % de 1969 à 1979, au moment de l'affirmation des institutions salariales consécutive à 1968, et depuis 1979 sont passés de 25 à… 50 % des salaires nets aujourd'hui ![3] La propriété lucrative déclarée par les ménages les plus aisés (qui est loin par ailleurs de correspondre à toute la propriété lucrative, concentrée aussi dans les sociétés financières et les entreprises) ponctionne aujourd'hui l'équivalent de la moitié des salaires nets. La réforme accompagne un pillage des salaires qui affiche avec encore plus d'impudence qu'il est infiniment plus rentable d'être propriétaire que de travailler, et cette propriété lucrative interdit de plus en plus la propriété d'usage : que l'on songe par exemple à ce patrimoine d'usage de base qu'est un logement, devenu aujourd'hui inaccessible. Promouvoir la propriété d'usage suppose d'en finir avec la propriété lucrative.

Or, la propriété lucrative est particulièrement encouragée par les réformateurs à travers l'épargne retraite. Les fonds communs de placement d'entreprise, dont certains sont dédiés aux pensions, en sont les formes les plus courantes, mais les mutuelles ou les institutions paritaires de prévoyance sont appelées par les réformes actuelles à jouer également un rôle croissant en la matière. L'objectif est l'affirmation toujours plus

3. IRES, *La France du travail*, *op. cit.*, p. 60-62.

grande d'un droit de propriété lucrative non contesté par le salaire, et c'est tout bénéfice pour les institutions du capital à la fois parce que la rémunération des travailleurs devient un aliment décisif de l'accumulation financière et parce que les travailleurs rentiers deviennent des supplétifs de la logique financière. D'une part, les fonds accumulés pour les pensions sont une fraction majoritaire du capital accumulé (le double du PIB aux Pays-Bas, par exemple), d'autre part, les retraités, et les actifs en train de se constituer par ce moyen des droits à retraite, ont tout intérêt à ce que l'accumulation financière ait un fort rendement. Ils deviennent ainsi des soutiens, explicites ou non, de la propriété lucrative.

La seconde ligne d'encouragement de la propriété lucrative, nous l'avons vu au chapitre 2, est la « défense de la répartition » comme revenu différé. C'est la ligne privilégiée aujourd'hui par les réformateurs : elle inscrit la répartition dans la logique de la capitalisation. C'est d'ailleurs la présentation comptable du régime suédois en répartition qui est largement invoquée par les comptables nationaux ayant travaillé à une refonte du mode de comptabilité publique des pensions en répartition. Il est prévu qu'elles soient considérées non plus comme des « transferts sociaux » mais comme un patrimoine des ménages, en l'espèce créanciers du régime de retraites. Celui-ci se trouvera ainsi accablé d'une « dette » dont l'épouvantail sera agité – faisons-leur confiance – par des réformateurs réclamant des coupes drastiques dans les dépenses publiques, c'est-à-dire, puisque c'en est le premier poste, dans le nombre et les droits des fonctionnaires. Ils feront ainsi coup double sur leurs deux objectifs majeurs : marginaliser la fonction publique et remplacer le salaire continué de la pension par un revenu différé.

L'alternative à la capitalisation ne peut pas être le revenu différé, qui la singe et en est le marchepied, mais son contraire : le salaire continué. On ne peut se battre contre la capitalisation qu'en promouvant un plein exercice de la propriété d'usage au nom du salaire continué. Car nous allons voir que le salaire rend inutile la propriété lucrative.

Contre le prêt bancaire, la cotisation économique

La promotion de la propriété lucrative par les réformateurs s'appuie sur ce qui a tout l'air d'être une vérité de La Palice : nous avons besoin d'investir, et donc d'investisseurs. Or, ce « et donc d'investisseurs » est en permanence démenti par l'écart entre l'inflation des portefeuilles financiers et la stagnation de l'investissement productif. Et une grande leçon de la pension comme salaire continué est que, de même qu'il faut combattre la propriété lucrative pour promouvoir la propriété d'usage, de même nous avons tout intérêt à nous passer d'investisseurs si nous voulons vraiment investir.

Qu'est-ce qu'un investisseur ? Précisons, comme nous l'avons fait à propos de l'employeur, qu'il ne se confond pas avec l'entrepreneur, même si ces deux fonctions se confondent parfois dans la même personne. Le discours courant, soigneusement entretenu par le discours savant, veut que certes il ne soit pas toujours très recommandable mais qu'en tout cas il est indispensable parce qu'il apporte un indispensable capital. Rien n'est plus faux. Un investisseur n'apporte rien. Un investisseur qui « apporte » par exemple un million d'euros pour une entreprise n'a pas un million d'euros en billets dans une valise, pas plus que les titres dont il est porteur ne sont dotés, par une curieuse métaphysique, d'une quelconque valeur : ces titres sont le signe d'une propriété lucrative qui va lui donner le droit de ponctionner un million sur la valeur attribuée au travail d'aujourd'hui. Les titres ne sont pas une chose ayant une valeur en soi : ils sont un rapport social. Affirmons-le à nouveau, le titre n'est pas un rapport de moi, ayant épargné hier, à moi, récupérant aujourd'hui cette épargne, en dividende ou en hausse du cours. C'est un rapport de moi, titulaire d'un droit de propriété lucrative, à autrui, producteur du bien ou service générant le revenu que je tire de ma propriété lucrative. Liquider un titre pour payer des fournisseurs, c'est la même opération que le liquider pour payer des pensions : il s'agit toujours d'une ponction sur la monnaie en circulation, donc sur la production actuelle. Un investisseur est comme un parasite qui a le droit (et c'est de tous les droits le droit le plus sauvagement gardé par la loi !) de ponctionner une partie de la valeur de la production contemporaine pour transformer les producteurs ainsi expropriés en forces de travail, les contraindre à produire les marchandises qu'il a décidé de produire, bref, à travailler sous le joug de la valeur travail. Un investisseur nous vole et nous aliène dans la même opération. Penser pouvoir émanciper le travail en moralisant les investisseurs est une supercherie.

Mais, ici encore, nous ne sommes pas, à propos du nécessaire remplacement des investisseurs, devant une table rase. Nous bénéficions d'une anticipation massive dans l'expérience réussie de la cotisation sociale pour le salaire continué de la pension. Cette cotisation est la façon d'assurer sans épargne des engagements massifs et de long terme. Les droits à pensions acquis à 25 ans seront honorés quand l'intéressé en aura 90, ce qui représente un terme incomparablement plus long que le temps de l'amortissement d'un investissement, celui-ci contienne-t-il un long temps de recherche-développement. Et le montant des sommes annuelles mobilisées est du même ordre que les sommes consacrées à l'investissement : les 18 % du PIB de ce dernier ne sont pas de beaucoup supérieurs à l'addition des pensions et de la part de la cotisation maladie qui va à l'investissement sanitaire. Sur le modèle de la cotisation sociale, on peut parfaitement imaginer une cotisation économique pour financer sans épargne l'investissement. S'il est possible de financer la pension au plus grand bénéfice des régimes et des pensionnés sans aucune accumulation financière, sans aucune logique d'épargne et de prêts, il est possible de financer l'investissement de la même façon en affectant une cotisation économique au salaire (de l'ordre de 35 % du salaire brut), prélevée sur la valeur ajoutée comme les cotisations sociales ou le salaire direct. Cette cotisation serait collectée par des caisses d'investissement qui financeraient sans taux d'intérêt, puisqu'il n'y aurait pas d'accumulation privée du capital, après délibération politique. Les procédures de cette dernière restent à inventer mais nous ne partons pas de zéro puisque nous avons déjà la sécurité sociale et aussi toutes les procédures mises en œuvre dans les collectivités territoriales et les services déconcentrés de l'État pour la sélection des projets finançables et le montage d'opérations de financement.

Accumulation financière, crédit bancaire, prêt à intérêt, Bourse, toutes ces institutions parasitaires (et particulièrement toxiques) peuvent être remplacées en transposant pour le financement de l'investissement l'expérience de la cotisation sociale, ce qui est évident puisque tout investissement est financé sur la production courante. On ne peut pas espérer sortir de la crise actuelle par le haut si on maintient la propriété lucrative, les investisseurs et le retour sur investissement. Leur régulation nous conduira à une crise encore plus grave dans quelques années : c'est ce que nous observons depuis trente ans. Avec la cotisation sociale et les pensions de retraite qu'elle permet sans ponction parasitaire d'un taux d'intérêt, le salaire continué nous offre une expérience déjà longue du bénéfice que l'on tirera à les supprimer. Alors la propriété d'usage pourra se réaffirmer, jusque dans l'outil de production, puisqu'il sera voué à produire des biens et services et non à générer « de la valeur pour l'actionnaire ». La cotisation sociale a débarrassé notre quotidien individuel des usuriers, la cotisation économique débarrassera notre quotidien collectif de la Bourse et des banquiers.

Critique de la problématique générationnelle

La retraite nous fait faire l'expérience de l'inutilité de l'accumulation financière pour financer l'investissement, qui pourrait l'être par une cotisation économique du même type que la cotisation sociale. Si cette idée s'emparait du débat public, il y aurait péril pour les « investisseurs », comme on dit par antiphrase, et « les Marchés », comme on dit avec une majuscule et sans adjectif puisqu'il s'agit d'une divinité bien connue : ils ne pourraient plus compenser leur mauvaise image par l'évidence de leur nécessité. Les réformateurs en sont donc réduits à relancer le dogme : pas d'avenir sans prévoyance, pas de pensions sans logique d'épargne, pas de sécurité des sommes cotisées sans leur inscription dans des comptes individuels de cotisations garantis par l'État. Et comme les soixante dernières années prouvent le contraire, alors depuis vingt ans ils pilonnent l'avenir avec la grosse artillerie du choc démographique, un argument qui fait l'objet d'une ferme croyance : peu doutent qu'il n'y aura pas assez de cotisations demain pour financer les retraités si l'on n'augmente pas la durée des cotisations, et personne ne doute qu'il faille élargir l'assiette du financement puisqu'on ne peut pas compter durablement sur la socialisation du salaire pour assurer l'avenir.

Les objectifs politiques du discours générationnel autour des retraites

Ce consensus sur l'existence d'un choc démographique s'enracine dans l'absurde conviction que nos sociétés vieillissent et que le rapport entre les générations est un enjeu social majeur. Nous assistons aujourd'hui à une logomachie générationnelle sur laquelle il faut s'arrêter avant de critiquer en lui-même l'argument démographique. Qu'elle s'exprime en « guerre des générations », « pacte générationnel », « équité intergénérationnelle » ou « solidarité intergénérationnelle », la problématique générationnelle réunit dans le même cadre conceptuel les réformateurs, qui agitent le spectre de la « guerre » pour promouvoir l'« équité », et leurs opposants, défenseurs du « pacte » et de la « solidarité » : nous avons là un témoignage supplémentaire de l'incapacité des opposants à faire autre chose que s'inscrire dans l'agenda et le discours réformateurs.

Qu'est-ce que la problématique générationnelle, sinon la naturalisation d'une caractéristique biographique (il y a des vieux et des jeunes) pour en faire une catégorie de l'analyse de nos sociétés ou de l'action publique ? À côté de l'âge, bien d'autres caractéristiques sont ainsi naturalisées : le sexe, la nationalité, l'origine géographique, l'ethnie, etc. Lorsque Rocard préface son Livre blanc en prédisant la guerre des générations si une réforme urgente (car pour la réforme il y a toujours urgence) n'est pas entreprise, il fait la même opération que lorsque Jospin crée les « emplois-jeunes » ou lorsque Sarkozy crée le « ministère de l'Immigration et de l'Identité nationale ». Lui répondre en termes de « pacte générationnel », c'est admettre la légitimité d'une problématique qui dévoie le débat public.

Les notions de génération et de vieillesse, qui ont évidemment un sens dans le champ de la biographie ou dans celui de la famille, n'ont aucune pertinence dans celui de la société. Que les individus vieillissent est une réalité, que les sociétés vieillissent à proportion de leurs individus ayant plus de 60 ans, non : si l'on définit le vieillissement comme la diminution de la capacité à créer des richesses (définition implicite dans l'argument du choc démographique), des sociétés de longue vie où l'on reste longtemps en capacité de création peuvent être plus « jeunes » que des sociétés à faible espérance de vie et à faibles qualifications. D'où l'enjeu considérable de la façon dont on définit l'activité des retraités dans une société de longue vie. Aujourd'hui, y compris dans un cadre statistique qui fait des retraités des inactifs, nos sociétés de longue vie sont plus productives que les sociétés à faible espérance de vie, dont les PIB par tête sont plus faibles, ce qui détruit l'argument démographique. Mais imaginons combien il sera encore plus absurde lorsque nous aurons mis nos représentations à la hauteur de la réalité du salaire continué en posant les retraités comme des actifs.

Quant à l'usage de la notion de génération dans l'analyse de phénomènes sociétaux, il n'a pas davantage de sens : les familles comptent des générations, pas les sociétés, sinon au sens métaphorique. Il faut insister sur ce point à une époque où l'inflation des raisonnements générationnels à l'échelle de la société est considérablement amplifiée par la peur écologique et son fameux « quel monde laisserons-nous à nos enfants ? ». Parler de « nos enfants » a du sens dans l'analyse des familles, mais aucun dans l'analyse de la société. Le vocabulaire de la génération a du sens en psychologie, appartenir à une génération est une caractéristique biographique indispensable à l'analyse des individus. Mais, s'agissant de la production de la richesse, les actifs et les retraités ne sont pas dans un rapport de génération : ils ont le même statut de salariés payés à la qualification, sauf que les actifs travaillent en subordination à un employeur, et les retraités, non. C'est cette différence fondamentale dans les rapports de travail – une différence éminemment politique qui interroge la légitimité de la division entre employeurs et travailleurs – que sa lecture en termes générationnels rend invisible au bénéfice d'une division « naturelle »... entre générations de salariés.

Il n'y a pas de générations de salariés

Or, précisément, la nouveauté inouïe de la retraite avec salaire continué est qu'elle a résolu le « problème de la vieillesse » en transformant les « vieux » en salariés. Avant la fin des années 1970, qui voit les ouvriers et les employés entrer enfin dans l'univers de la retraite réservé jusqu'ici aux cadres et aux fonctionnaires, on ne compte pas les commissions sur le « problème de la vieillesse » et les politiques à mettre en œuvre pour le résoudre. Elles se répètent d'autant plus que leurs préconisations sont par définition vouées à l'échec, car naturaliser une caractéristique biographique pour en faire une catégorie de l'action publique pérennise la réalité que l'on entend combattre. La pension comme continuation du salaire dénaturalise l'âge et fait entrer les « vieux » dans l'abstraction du salariat : taux de cotisation et règles de calcul identiques président à la distribution généralisée d'une pension salariale, liée à la qualification, à une population vouée jusqu'aux années 1970 aux petits boulots[4] et qui du coup peut ne plus être opposée au reste des travailleurs et va commencer à identifier ses intérêts à ceux de tous.

L'analyse d'une société selon la naturalisation de caractéristiques biographiques individuelles (comme l'appartenance à une génération), posées du coup comme des essences, empêche l'affirmation des logiques d'abstraction fondatrices d'un lien social politique. La pension comme salaire continué sort le débat public de l'impasse de la problématique générationnelle et peut être transposée dans tous les cas de naturalisation de caractéristiques biographiques qui sont au cœur d'un déni de la démocratie. Si les vieux, les femmes, les jeunes,

4. La pension était si faible que les ouvriers ou employés en retraite prenaient des petits boulots de complément, bien plus nombreux qu'aujourd'hui.

les Noirs, les immigrés de la génération un, deux, trois, les habitants des quartiers (et ils sont d'une infinie diversité), les ouvriers, les paysans, les étrangers communautaires et extracommunautaires (et il y en a autant que de villages d'origine), les différents niveaux de sortie du système éducatif, les « sans » divers et variés, deviennent des salariés dotés d'une qualification et du salaire qui va avec, quel est l'avenir du marché du travail, de l'emploi et des employeurs, comment va-t-il être possible de pérenniser l'expropriation des producteurs de la maîtrise de la production ?

La pension comme salaire continué est la première dénaturalisation d'ampleur d'une caractéristique biographique, et son abstraction porte en germe un enrichissement aussi considérable de la citoyenneté que l'invention de l'abstraction de l'électeur. On comprend que le retour des « vieux » (on dira seniors, bien sûr) est l'horizon obsessionnel des réformateurs, qui n'ont de cesse de nourrir à nouveau la problématique générationnelle.

Critique de l'argument du choc démographique

Le gros du fonds de commerce réformateur depuis le Livre blanc de Rocard est la peinture apocalyptique des déficits gigantesques que le vieillissement démographique va générer dans les régimes de retraite en répartition. À quoi les opposants rétorquent que le problème démographique est un fait incontestable, mais qui pourrait être assumé autrement que par la baisse du taux de remplacement ou l'allongement de la durée de cotisation, par exemple par le plein-emploi et par une taxation des revenus financiers non investis.

Or, le choc démographique n'est pas un fait, c'est une construction fantasmée, et, en affectant chaque année une petite partie du taux de croissance à une hausse du taux de cotisation patronale vieillesse, nous ferions face sans aucune difficulté à la décélération à venir de la hausse du poids des pensions dans le PIB.

Dans le langage imagé de l'expertise, on appelle «ratio de dépendance démographique» le nombre de personnes ayant 60 ans et plus rapporté au nombre de personnes ayant entre 20 et 59 ans. L'indicateur a vocation à être alarmant: alors qu'en 2000 il y avait quatre personnes de 60 ans ou plus pour dix personnes ayant entre 20 et 59 ans, en 2050, il y en aura sept. Cette argumentation, censée souligner la «charge insoutenable» à long terme que représenteraient les retraités pour les actifs si les départs en retraite continuent à se faire à 60 ans, ne prouve strictement rien. Un rapport démographique n'est pas un rapport économique.

La proportion d'actifs occupés reste stable dans un PIB en constante augmentation

D'une part, supposons que soient exacts les postulats qui veulent que les retraités sont des inactifs et que la dynamique d'une société repose sur les actifs occupés, c'est-à-dire ceux qui ont un emploi[5]: le rapport des plus de 60 ans sur les 20-59 ans n'est en aucun cas un indicateur du rapport entre actifs occupés et inactifs, le seul qui ait un sens économique. Car les inactifs incluent aussi les moins de vingt ans (dont le nombre rapporté aux 20-59 ans diminue) tandis que tous les 20-59 ans ne sont pas des actifs occupés: le taux d'emploi de cette tranche d'âge[6] n'est que de 76 %, en progression d'ailleurs comparativement à ce qu'il était dans les années

5. Rappelons que les actifs regroupent les «actifs occupés» et les chômeurs.

6. Le taux d'emploi des 15-64 ans, le seul qui soit publié, n'a pas de sens... sauf s'il s'agit de réduire la scolarisation ou de reculer l'âge de la retraite. La publication du taux d'emploi des 55-64 ans, sans distinguer les 55-59 ans des 60-64 ans, appelle la même critique.

1960 (67 % au recensement de 1962), cette prétendue période de plein-emploi... des hommes. Nous sommes aujourd'hui plus proches du plein-emploi des 20-59 ans que pendant les Trente Glorieuses, non seulement quantitativement mais qualitativement : le CDI est une invention des années 1970, et c'est depuis qu'il y a cette norme de l'emploi que les écarts à la norme sont révélés (CDD, temps partiel, intérim). Révélés mais pas créés, comme le fait un thermomètre avec la fièvre : les petits boulots mal payés et le temps partiel imposé étaient plus importants dans les années 1960 qu'aujourd'hui. De même, il y avait des chômeurs mais pas de « demandeurs d'emploi » tant que l'Unédic et l'ANPE n'existaient pas : comment l'être quand n'existent ni l'institution qui vous reconnaît comme tel, ni celle qui vous indemnise ? L'Unédic est créée en 1958 mais n'est opérationnelle qu'après la création de l'ANPE en 1967. Que la progression de l'emploi se soit accompagnée d'une considérable détérioration du travail est inhérent à l'organisation capitaliste de notre société : l'emploi, surtout depuis la réforme, organise la mise du travail sous la coupe de la valeur travail, et le bonheur des retraités au travail est un plaidoyer pour une sortie du travail de ce qui apparaît clairement aujourd'hui comme le joug de l'emploi. Cette lecture de notre histoire récente permet de sortir du conte mortifère qui nous conduit à gober l'argument démographique : il était une fois le plein-emploi, sans enfants, sans vieux, sans femmes au foyer, et puis (allez, à cause du choc pétrolier... tiens, vous avez dit « choc » ?) le chômage s'est abattu sur un pays vieillissant, de sorte que demain il n'y aura plus assez de travailleurs pour produire les richesses nécessaires à l'entretien des inactifs. Eh bien, non ! N'en déplaise aux réformateurs, qui se nourrissent du pessimisme, la question de l'avenir est on ne peut plus banale : comment assurer les besoins croissants de financement du système de retraite dans un contexte où la proportion d'actifs occupés dans l'ensemble de la population restera stable ? Le ratio inoccupés[7]/occupés était de 1,62 en 1995, il devrait se situer en 2040 entre 1,66 à 1,79, selon les projections en matière de chômage, la baisse du poids des enfants et des jeunes (qui coûtent aussi cher en dépenses publiques et privées que les retraités) compensant la hausse de celui des retraités.

D'autre part, le choc démographique repose sur le postulat d'absence de gains de productivité. Or, on peut produire autant avec un actif pour un retraité qu'avec deux actifs pour un retraité. Le raisonnement selon lequel le recul de la part des actifs occupés rendra impossible le financement des retraites en répartition est aussi absurde que si l'on avait prédit au début du XXe siècle la famine pour la France du XXIe parce que la part des paysans allait se réduire à moins de 3 % de la population. Personne en réalité ne postule l'absence de gains de productivité dans l'avenir : ce qui est postulé dans l'argument démographique, c'est que les gains de productivité continueront à n'aller qu'aux actionnaires, comme c'est le cas depuis la réforme. C'est ce que veut dire aussi le slogan « travailler plus pour gagner plus ». Depuis que la statistique en existe, nous travaillons heureusement moins pour gagner plus, car les gains de productivité reviennent (aussi) aux producteurs. Sauf depuis la réforme : assise sur le pillage des salaires imposé depuis les années 1980, elle repose sur notre acceptation que les gains de productivité aillent aux seuls actionnaires. Il s'est même trouvé une majorité pour élire un président qui nous annonce que c'est son objectif premier, que c'en est fini du travailler moins pour gagner plus, que les gains de productivité ne peuvent pas aller à ceux qui en sont l'origine, que le pillage des salaires est notre seul

7. Les inoccupés comprennent les inactifs (y compris les enfants et les étudiants) et les chômeurs. Ces données sont tirées de Pierre Khalfa et Pierre-Yves Chanu (sous la direction de), *Les Retraites au péril du libéralisme*, Syllepse, Paris, 1999, p. 13-36.

avenir, et donc qu'on ne pourra habiller plus de retraités qu'en déshabillant les actifs.

La croissance du poids des pensions dans le PIB ne pose aucun problème

Or, nos régimes de pension par socialisation du salaire ne sont pas nés de la dernière pluie, ils existent depuis une soixantaine d'années et nous montrent que nous avons assumé sans aucun problème une croissance du poids des pensions dans le PIB très supérieure à sa croissance future. Au cours des cinquante dernières années, les pensions sont passées de 5 à 13 % du PIB, alors qu'au cours des cinquante prochaines elles devraient passer de 13 à 18 %[8] : le poids des pensions a été multiplié par 2,6 de 1950 à 2000, il devrait l'être par 1,4 seulement d'ici 2050. Cette décélération (alors que le discours du choc démographique suppose une accélération fantasmée) signifie évidemment une plus grande facilité demain à absorber la hausse du poids des pensions, alors même qu'elle l'a été sans difficulté jusqu'ici. Cette facilité s'explique simplement : le PIB doublant de volume tous les quarante à cinquante ans[9], la progression plus rapide d'un de ses éléments s'accompagne de la progression, et non pas de la régression, de la richesse disponible pour les autres composantes. Calculons à la serpe, mais les ordres de grandeur sont exacts : notre PIB est de 2000 milliards, dont 260 (13 %) pour

8. Je prends ici le haut de la fourchette des prévisions du Conseil d'orientation des retraites, qui table plutôt sur 16 %, mais en tenant compte de réformes sur lesquelles il faudra revenir.

9. Il s'agit là d'une observation sur une tendance séculaire, et toutes les projections anticipent le doublement du PIB dans les quarante ou cinquante prochaines années, selon un taux de croissance annuel de 1,7 %, modeste même s'il est supérieur au taux actuel, particulièrement faible.

les pensions, reste donc 1 740 milliards pour les actifs, les investissements (et le profit parti en fumée dans les opérations financières) ; il y a cinquante ans, sur un PIB de 1 000 milliards, les petits 5 % de pensions ne laissaient que 950 milliards aux actifs, à l'investissement et au profit parasitaire ; dans cinquante ans, le PIB sera de 4 000 milliards, et les gros 20 % de pensions[10] laisseront 3 200 milliards aux actifs et à l'investissement (j'espère que, d'ici là, nous nous serons débarrassés du profit). Certes, on sera passé en un siècle de 50 à 800 milliards de dépenses de pensions (et toute la ficelle des réformateurs est de ne présenter que cette progression), mais dans un PIB passé, lui (en euros constants), de 1 000 à 4 000 milliards alors que la population aura nettement moins que doublé. Il n'y a aucun « problème démographique ». La seule réalité démographique est du bonheur : l'accroissement de l'espérance de vie..., celle-là même que les réformateurs tentent de nous faire passer pour une source de malheur. Le financement des retraites sans augmentation de la durée de cotisation ni baisse du taux de remplacement ne pose aucun problème : si l'on reprend les données du Conseil d'orientation des retraites dans son rapport de 2001, il suffit d'augmenter le taux de cotisation patronale de 0,37 point par an, soit en moyenne le quart du taux de croissance.

Cette projection appelle un commentaire fondamental. En réponse à l'inquiétude légitime devant la perspective d'un PIB à 4 000 milliards d'euros, je vais exposer au point suivant qu'il n'y a aucune fatalité pour que, le travail restant sous la loi de la valeur, ce doublement du PIB nous accable de marchandises produites dans des conditions toujours plus déshumanisantes. Au contraire, nous pouvons – c'est l'enjeu des retraites – étendre à toute la population le rapport au travail des retraités, qui produisent plus de légumes et de liens familiaux

10. Car on aura supprimé toutes les réformes depuis 1987.

que de kilomètres d'autoroutes. D'une part, qu'ils comptent déjà pour 13 % du PIB est une des nombreuses expressions du fait que, au cours des dernières décennies, la croissance du PIB ne s'est pas faite qu'à coups de produits supplémentaires, mais aussi en attribuant de la valeur à des richesses qui existaient déjà, mais sans reconnaissance monétaire : par exemple, l'inscription dans l'emploi de multiples services à la personne qui existaient hors emploi a augmenté le PIB sans augmenter la richesse[11] produite. D'autre part, pour l'avenir, l'attribution de valeur à des richesses produites hors de la dictature de la valeur travail, si nous savons étendre à toute la population le rapport au travail des retraités, va nous permettre d'accélérer le mouvement de dissociation du niveau du PIB et du niveau des marchandises capitalistes. D'où l'importance d'une reprise à nouveaux frais de la réflexion sur le travail des retraités dans les pages qui suivent.

Ce que nous appelons « travail » n'est pas une réalité intangible

Aujourd'hui, le langage courant assimile travail et emploi : « chercher du travail », c'est chercher un emploi. Cela n'a pas toujours été le cas. Cela traduit la montée en puissance de l'emploi au XXe siècle comme forme capitaliste de mise au travail. Une forme ambivalente, nous l'avons vu, puisque l'emploi a été la matrice du salaire socialisé tout en organisant le travail sous la tyrannie de la valeur travail. Mais, d'une part, cette forme n'était

11. Rappelons que la richesse est la quantité de biens et services utiles produits ; elle excède largement la valeur du PIB, qui ne compte que la richesse à laquelle une valeur est attribuée. Le PIB peut donc croître sans production de richesse supplémentaire, par attribution de valeur à de la richesse qui n'en avait pas jusqu'ici. C'est une des voies importantes de la croissance du PIB.

pas généralisée, la fonction publique et les professions organisées notamment n'obéissant pas à une logique d'emploi. D'autre part, elle a généré son contraire avec la reconnaissance du travail des retraités dans le salaire continué. Le travail reconnu socialement par du salaire déborde largement le travail aliéné et exploité voué à la production de marchandises.

La reconnaissance du travail des retraités

Il est fondamental de rappeler ce qui a été signalé au premier chapitre : il n'y a pas d'essence du travail ; ce qui est désigné comme « travail » est contingent, fort différent d'une société à une autre ou d'un siècle à l'autre. C'est en permanence l'objet du débat public. Nous nous posons aujourd'hui la question de savoir si ce que font les retraités est de l'« activité » ou du « travail ». La question ne se posait pas il y a cinquante ans : il était évident que la retraite était un temps de hors-travail qui « vient récompenser une vie de travail », comme répond aujourd'hui encore sans hésiter la Commission européenne[12] avec tous les réformateurs. La retraite est considérée comme un loisir qui, certes, peut être mené avec détermination mais qui ne relève pas du travail. Statistiquement, les retraités sont rangés dans les inactifs. Mais cette position entre en contradiction avec l'importance et la nature de la place qu'ont prise les retraités dans nos sociétés. Les déclarer voués au loisir pendant des dizaines d'années fait fi des deux dimensions de leur activité.

Premièrement, que leur activité soit tournée vers le monde, vers les autres ou vers eux-mêmes, les retraités

12. Commission européenne, *Pensions viables et adéquates*, rapport conjoint de la Commission et du Conseil, Office des publications officielles des Communautés européennes, Luxembourg, 2004.

produisent des biens et des services utiles qui sont autant de richesse venant s'ajouter à la richesse produite par les actifs occupés. Un retraité voué à son mandat municipal ou entretenant un potager produit davantage de richesse qu'un conseiller en communication de Sarkozy. Certes, mais que dire du travail des retraités si l'on évoque leur fréquentation de la télé, leur infinie reprise de la peinture de la cahute au fond du jardin ou leurs déambulations dans les musées ou les centres commerciaux ? Toutes ces activités sont moins nocives que le quart (la moitié ?) de celles qui se font sous le noble vocable du travail dédié à produire des marchandises capitalistes. Payer des gens qui mènent ce genre d'activité est plus efficace que de payer des gens qui font des armes, qui assurent la logistique des déplacements en avion d'un cadre dirigeant dont on n'imagine pas qu'il puisse prendre le train pour aller de Toulouse à Bordeaux, qui attendent pendant des heures dans des camions la bavure d'une manifestation qui n'arrive pas (sauf s'ils l'organisent), qui spéculent dans les salles de marché ou enseignent les mathématiques financières, qui conçoivent et réalisent la campagne de communication d'un ministère en train de saborder sa mission de service public, qui fabriquent des semences non reproductibles ou des portions individuelles préemballées, qui occupent des chaires de criminologie ou qui organisent des réunions pour organiser les suivantes (encore heureux si ça n'est pas dans des restaurants prestigieux ou à l'autre bout de la planète !) : à quel degré de servitude volontaire sommes-nous arrivés pour ne pas douter que ces tâches sont du « travail » et pour soupçonner celles des retraités de n'en être pas ? Car l'objection du type : « Oui, d'accord, ce que font les retraités est utile, mais ça ne mérite pas salaire » ne fait jamais que redoubler cet acquiescement à la servitude qui dit que « not' maître a ben raison » : l'emploi mesure le temps de travail abstrait et tout travail qui y échappe n'en est pas vraiment et n'a pas à être payé.

Le travail : emploi ou salaire ?

Je comprends et partage la réticence à désigner comme travail tout ce qui produit de l'utile, au nom de la salutaire gratuité liée à la liberté. Mais, précisément, ce qui est en jeu dans les retraites, c'est la possibilité de déconnecter travail et subordination en déconnectant le travail de l'emploi pour le connecter à la qualification et donc au seul salaire. Ce qui introduit la seconde dimension de l'activité des retraités : elle est reconnue monétairement selon une modalité largement liée au salaire qu'ils percevaient quand ils étaient « actifs occupés ». Or, le type de reconnaissance monétaire des activités les fait entrer ou non, et entrer différemment, dans la sphère du travail : les religieuses hospitalières vivant de fondations « ne travaillaient pas », leur activité relevait d'une autre logique comme la « vocation », tandis que les infirmières, payées à la qualification pour la même activité, sont des salariées qui « travaillent ». Il en est de même pour les retraités : s'ils sont payés par du salaire continué, ce sont des salariés qui « travaillent ». Il n'y a aucune essence du « travail », et toutes les définitions anhistoriques qui en feraient un invariant sont irrecevables. C'est aussi pourquoi la question du type de monnaie qui valorise l'activité des retraités est au cœur de la réforme. Les faire passer du salaire continué à la rente viagère d'un compte notionnel ou à l'allocation tutélaire d'un minimum contributif, c'est changer le statut reconnu à leur activité : le salaire reconnaît du « travail » alors que la rente et l'allocation tutélaire sont les ressources de « ceux qui ne travaillent pas ». Que ce travail ne se fasse pas sous l'emploi change son exercice, mais cela ne lui ôte pas son caractère de travail, si on définit le travail non pas par un ensemble de caractéristiques essentielles que l'on pourrait retrouver universellement, mais par sa reconnaissance sociale comme tel, qui passe évidemment par sa valorisation monétaire.

Or, celle-ci est tiraillée aujourd'hui entre l'emploi et le salaire: le «travail», est-ce la part de notre activité vouée à produire des marchandises pour alimenter le capital (emploi), ou est-ce la part de notre activité qui met en œuvre notre qualification (salaire)? Voilà une autre façon de définir l'enjeu des retraites. La récente mise en *emploi* de toute une série d'activités de service aux personnes les a transformées en travail, et de la plus mauvaise façon pour la dernière vague d'entre elles, les services au domicile, contemporaine de la transformation des emplois en jobs, car les droits salariaux liés à ces emplois sont très ténus. Contradictoirement, le constat que la pension se rapproche d'un *salaire* continué conduit à considérer comme du travail les activités des pensionnés menées hors de tout emploi. Et à en tirer les conséquences quant au changement de sens du mot «travail» dont est porteur le fait d'assumer comme travail des activités délivrées de la valeur travail.

Allons au bout du questionnement: quel travail font les retraités en perte d'autonomie, les retraités grabataires à qui on continue de verser leur salaire sous forme de pension alors que les réformateurs pensent qu'une allocation d'autonomie suffirait? Quand la qualification personnelle sera devenue un fondement de la citoyenneté, une telle question marquée aujourd'hui au coin du sens commun fera frémir. Attribuer une qualification jusqu'à la mort, c'est affirmer l'irrévocabilité de la dignité de citoyen, cette citoyenneté que vient enrichir l'attribut universel d'une qualification: est-ce qu'on retire leur droit de vote aux mourants? Cette réflexion sur une situation limite montre combien l'attribution d'une qualification personnelle donne à nos sociétés la chance de sortir de l'économisme, et donne au travail la possibilité de se déployer sur des chemins inédits tout en le sortant de l'impasse où il est aujourd'hui.

Le flux de monnaie n'est pas le flux de valeur

Vient alors l'objection classique : la preuve que les retraités ne travaillent pas, c'est que ce ne sont pas eux qui financent leur pension. Les cotisations qui financent les pensions en répartition viennent des cotisants, et la monnaie qui permet la conversion des titres de l'épargne retraite en pensions vient des actifs occupés au moment de la liquidation. Les « actifs » financeraient des « inactifs », la pension serait un « transfert social ». Cette proposition est fausse.

L'illusion de la solidarité intergénérationnelle

Que la monnaie distribuée dans les pensions soit toujours l'expression de la valeur attribuée à un travail présent est exact, et il faut le répéter aux réformateurs qui promeuvent l'épargne comme substitut du travail. Il faut le répéter aussi face à certains discours sur le « salaire différé » qui font comme si la pension était le report à plus tard d'un salaire non consommé au moment où on l'avait reçu, ce qui renvoie la contrepartie de la pension au travail passé. Mais constater que ce ne sont pas mes cotisations passées qui financent ma pension d'aujourd'hui ne doit pas conduire dans une autre erreur qui consiste à dire que ce sont les cotisations actuelles des autres, des actifs, qui financent ma retraite d'aujourd'hui. Les tenants de la solidarité intergénérationnelle, en imputant au travail présent des actifs l'origine du financement des pensions, situent l'activité des retraités dans le hors-travail. C'est pourquoi ils peinent à s'opposer aux réformateurs qui contestent la pension en répartition fondée sur la qualification et tentent de la remplacer par une pension en répartition fondée sur la prévoyance.

Or, parler de solidarité intergénérationnelle[13], n'est-ce pas être victime d'une illusion, et le « transfert social » est-il autre chose qu'une apparence ? La distribution des pensions renvoie, comme toute distribution monétaire, à la valeur attribuée au travail. Et l'attribution d'une valeur monétaire au travail n'est jamais directe, elle se fait toujours par une médiation. Dans les sociétés capitalistes comme la nôtre, elle se fait, à travers le crédit bancaire, à l'occasion de l'anticipation par les banques du chiffre d'affaires des entreprises auxquelles elles prêtent. Ainsi, c'est dans le prix des marchandises qu'est incluse, outre le profit, la reconnaissance monétaire du travail des retraités en plus de celle du travail de leurs producteurs. Une telle situation entretient une illusion aliénante. Inclure dans le prix des marchandises la reconnaissance sociale du travail des retraités sous la forme d'une cotisation aux régimes de pension entretient l'illusion aliénante que la pension est ponctionnée sur la valeur produite par les actifs. C'est confondre le flux de la *distribution* monétaire et le *fondement* de la monnaie dans la création de richesse. La monnaie distribuée aux retraités correspond non pas à une part de la richesse créée par les actifs, mais à la richesse créée par les retraités eux-mêmes. Les pensions anticipent la valeur attribuée à cette richesse non marchande, mais la monnaie qu'elles représentent est créée par les banques commerciales à l'occasion du prix anticipé des seules marchandises. Si bien que cette monnaie est transférée, sous forme de cotisation sociale, des entreprises vers les caisses de retraite. Alors que le *fondement* des pensions dans la création de richesse est le fait du travail actuel des retraités, le transfert des entreprises vers les caisses de sécurité sociale du flux de *distribution* de la monnaie des pensions fait croire qu'il y a transfert

13. Indépendamment de la critique radicale qu'appelle la naturalisation des générations.

de la valeur des producteurs de ces marchandises vers les retraités. Or, s'il y a bien transfert de monnaie des employés vers les retraités, cela ne signifie absolument pas qu'il y a transfert de valeur des « actifs » vers des « inactifs ».

On voit bien à quelle perversion de l'argumentaire conduit une création monétaire opérée par la médiation des marchandises : non seulement elle est fondamentale pour la formation possible du profit capitaliste, mais elle permet d'entretenir une suspicion permanente sur la prétendue « ponction » qu'opèrent les retraités sur les actifs. L'alternative à la réforme passe donc aussi par une remise en question de la création monétaire.

L'exemple des personnels soignants et de la fonction publique

Cette distinction entre flux de monnaie et transfert de valeur concerne aussi les personnels soignants (infirmiers, médecins...) et les fonctionnaires. Qu'est-ce que la cotisation à l'assurance maladie sinon (dans sa majorité) la reconnaissance sociale du travail des soignants ? Les soignants travaillent. Nous devons nous réjouir qu'ils travaillent dans une situation non marchande parce que nous avons socialisé la demande de santé, et savoir montrer qu'en aucun cas il ne s'agit d'une ponction sur les actifs : les soignants produisent par leur travail la richesse fondatrice de la monnaie qu'ils reçoivent. Or, le remplacement de la cotisation, décriée comme « taxe sur le travail », par un « impôt universel » (en l'occurrence la CSG) est rendu idéologiquement possible parce que, comme pour les retraités, le travail non marchand des soignants hospitaliers ou libéraux n'est validé que par la médiation des marchandises capitalistes. Cette validation, qui suppose un flux de monnaie des entreprises vers les caisses d'assurance maladie, peut être lue superficiellement comme un transfert de valeur et contribuer à alimenter la propagande contre le travail non marchand.

Qu'en est-il des fonctionnaires ? C'est exactement le même cas de figure, sauf qu'ici c'est l'impôt et non pas la cotisation sociale qui est la cible des réformateurs sur la base d'une méprise savamment entretenue sous l'appellation superficielle de « prélèvements obligatoires ». Jean-Marie Harribey[14] a bien montré que les impôts qui financent les salaires des fonctionnaires sont certes levés sur les revenus créés à l'occasion des emplois, mais ils correspondent à la valeur attribuée au travail des agents de l'État, qui vient s'ajouter à la valeur attribuée au travail des autres actifs : ici aussi ces prétendus prélèvements sont des suppléments. Et ici encore il ne faut pas confondre les *flux* de la fiscalité et son *fondement* dans la création de richesse. Comme les soignants, les fonctionnaires créent de la richesse et, comme pour eux, il faut se réjouir que nous soyons en capacité d'attribuer de la valeur monétaire au travail non marchand. Bien sûr, comme la cotisation, l'impôt qui va aux fonctionnaires est pris dans le carcan de la création monétaire par la médiation des seules marchandises capitalistes, de sorte que son flux vient des entreprises (et des ménages qu'elles paient), et qu'en permanence la confusion est entretenue entre transfert de monnaie et transfert de valeur. Si bien que l'impôt est délégitimé, accusé de ponctionner la valeur créée par les travailleurs producteurs de marchandises pour alimenter une production non marchande qui pèserait en permanence sur eux. Cet argument est frauduleux, en témoigne la comptabilité nationale qui ajoute le salaire des fonctionnaires au PIB comme indicateur (à défaut de chiffre d'affaires) de la valeur ajoutée par leur travail.

14. Jean-Marie Harribey, « Le travail productif dans les services non marchands : un enjeu théorique et politique », *Économie appliquée*, tome LVIII, n° 4, décembre 2004, p. 59-96.

Mais il fait mouche, et cela vient aussi de ce que notre imaginaire collectif a du mal à définir comme travail le travail mené sans emploi et sans marchandise. Mais qui aide à la nécessaire mutation de nos représentations ? On ne peut évidemment pas l'attendre des réformateurs. Mais il serait peut-être temps que les opposants à la réforme s'y mettent.

Résumons : c'est la richesse créée par le travail libre des retraités qui fonde leur pension, et elle est mesurée par la qualification qui leur est attribuée forfaitairement, jusqu'à leur mort, au moment où ils liquident leur pension. Les retraités travaillent, et la richesse qu'ils produisent est reconnue monétairement à hauteur de leur qualification. Comme la monnaie n'est créée qu'à l'occasion du prix attribué aux marchandises des entreprises capitalistes (par le jeu des anticipations de ce prix par les banques prêteuses à ces entreprises), celle qui mesure la valeur de la richesse créée par les retraités transite par ces marchandises, et donc le flux monétaire passe des titulaires d'emploi du secteur capitaliste vers les pensionnés. Mais il ne s'agit pas d'un transfert de valeur : ce sont bien les retraités qui produisent la richesse à laquelle est attribuée la valeur correspondant à leur qualification.

Créer de la monnaie pour valoriser des qualifications et non plus des marchandises

L'alternative à opposer à la création monétaire par la médiation des marchandises est l'ultime fil que l'on tire lorsqu'on cherche à définir l'enjeu des retraites. La forme qu'impose le capital à la création monétaire est décisive parce que la tyrannie de la valeur travail, clé de l'extorsion du profit, n'est possible que si la production est marchande. Ne créer de monnaie qu'à l'occasion de l'anticipation du chiffre d'affaires des entreprises, c'est donc disposer de la force de rappel qui en permanence impose la loi du capital. Si seules les marchandises sont l'occasion de création monétaire, alors toute reconnaissance du travail non marchand, toute reconnaissance du travail non subordonné à la valeur travail, a deux conséquences. D'une part, elle entraîne une hausse du prix des marchandises, qui doivent inclure la reconnaissance supplémentaire de ce travail qui ne trouve pas sa reconnaissance directe ; et cette hausse est en permanence dénoncée comme obstacle à la compétitivité des entreprises en période de mondialisation de la concurrence afin de rogner sur les « coûts du travail ». D'autre part, cette reconnaissance se fait concrètement par des « transferts » monétaires sous forme d'impôts et de cotisations sociales qui sont en permanence disqualifiés comme « prélèvements obligatoires ». Cette expression de combat repose sur l'assimilation des flux monétaires et des flux de valeur. Nous avons là une loi d'airain que toutes les régulations apportées à ce dispositif ne font que conforter. S'opposer à la réforme sans mettre en cause la création monétaire par les banques par la médiation des marchandises, c'est se condamner à l'échec.

Or, là encore, nous ne sommes pas démunis. Les pensions montrent la fécondité d'une possible création monétaire qui anticiperait le produit du travail en évaluant les qualifications personnelles et non pas les marchandises. La création monétaire est toujours affaire d'anticipation de ce qui va être produit. Plutôt que d'anticiper le produit du travail, et pire encore son seul produit marchand, pour créer de la monnaie, pourquoi ne pas anticiper la production à partir de la capacité des individus à créer de la richesse telle qu'elle est mesurée par la qualification ? La production de richesse serait estimée lors de la création monétaire non plus à partir de la marchandise capitaliste mais à partir de la qualification des salariés. On devine les conséquences considérables d'une telle délivrance de la création monétaire du carcan de la marchandise capitaliste et de son nouveau support dans la qualification universelle des personnes. Les ressorts de l'expropriation capitaliste seraient détruits en même temps que la force de rappel qu'est la création monétaire serait mise au service d'une citoyenneté enfin à l'œuvre dans l'économie.

Chapitre 5
La retraite et l'avenir du salariat

L'habitude se répand de fêter ses 60 ans en invitant famille et amis. La chose n'aurait guère été pensable il y a vingt ans. On peut relier ce rituel nouveau à la retraite à 60 ans. Fêter ses 60 ans, c'est fêter l'entrée dans une nouvelle étape de sa vie, et les fêtent d'abord celles et ceux pour qui cela représente une étape heureuse, ou projetée telle, du fait d'une bonne santé, d'une pension suffisante et de projets. Si les autres ne les fêtent pas, en tout cas la retraite à 60 ans est plébiscitée. Avec « la retraite à 60 ans », il ne s'agit évidemment pas de naturaliser une caractéristique biographique, mais au contraire de poser sa signification politique, donc contingente, conventionnelle, et en même temps source de droits garantis à un âge qui ne peut être laissé à l'initiative privée mais doit être le même pour tous, et obligatoire dans ses effets, comme l'est « la majorité à dix-huit ans ».

La retraite à 60 ans, un âge politique à instituer

Or, les réformateurs souhaitent en finir avec la retraite à 60 ans, à la fois en augmentant l'âge légal et en le transformant en simple âge plancher d'une entrée en retraite considérée comme un acte privé posé à n'importe quel âge à partir de ce plancher. Face à ces projets, trop de défenseurs de la retraite à 60 ans sont sur la défensive. Ils insistent sur le fait qu'un « âge légal » n'est que l'ouverture d'un droit que les intéressés peuvent ne pas exercer : ils en viennent même à se trouver d'accord avec leurs adversaires pour dénoncer « l'âge couperet » ! Arrêtons la débandade. 60 ans doit devenir un âge politique, et l'objet de ce chapitre est d'expliquer que tous doivent partir à la retraite au même âge, c'est-à-dire que le départ à la retraite soit clairement affirmé comme un âge politique. Car, c'est un leitmotiv de cet ouvrage, les 60 ans sont une de ces institutions salariales pragmatiques qui doivent trouver leur solidité théorique pour s'imposer face à la réforme.

Où en est actuellement le caractère politique de « la retraite à 60 ans » ? La revendication, commune à la CGT et à la CFDT de l'époque, émerge au début des années 1960, et elle se concrétisera dans la loi de 1971 améliorant la pension du régime général, puis dans les accords de 1972 et 1977 garantissant 70 % du salaire brut aux chômeurs de plus de 60 ans, y compris les démissionnaires, et enfin dans l'ordonnance de 1982 qui se substitue à cette garantie en rendant possible la pension à taux plein du régime général à partir de 60 ans pour les assurés ayant validé 150 trimestres (essentiellement les hommes, donc). Depuis 1993, cette possibilité s'est dégradée, mais en même temps les pratiques des entreprises sont telles que le taux d'emploi des plus de 60 ans est très faible : l'âge moyen de sortie de l'emploi est légèrement inférieur à 59 ans. Âge symbolique construit au cours des cinquante dernières années par une coïncidence de positions largement partagées entre employeurs et salariés, la retraite à 60 ans est donc à la fois le fruit d'une décision politique et de pratiques d'entreprise homogènes mais plus pragmatiques que normatives. Au contraire, relever le taux d'emploi des plus de 60 ans fait partie des objectifs idéologiques de la réforme, et le durcissement des conditions du départ en retraite à 60 ans conduit notamment les femmes à retarder l'âge de liquidation (30 % le font à 65 ans, âge auquel le taux plein est automatique, contre 5 % des hommes) alors même qu'elles continuent à sortir de l'emploi avant 60 ans. Il ne faut pas en effet, surtout dans le privé et pour les femmes, confondre sortie de l'emploi et entrée en retraite : plus de la moitié de ceux qui liquident leur pension ne sont plus en emploi mais au chômage, en invalidité ou inactifs.[1] La sortie de l'emploi à 60 ans est cependant le plus souvent désirée par des salariés qui n'en peuvent plus de ce qu'est devenu le travail.

De ces observations, on peut conclure que 60 ans n'est pas encore un âge politique. Nous sommes dans un entre-deux qui peut mener soit à la fin de la retraite à 60 ans, soit à son affirmation politique. Le pragmatisme qui a prévalu dans la constitution de cet âge symbolique doit maintenant s'enrichir d'un fort contenu politique, car les coups de boutoir de la réforme peuvent réussir à empêcher la prise de conscience de ce dont il est porteur. Les réformateurs ne manquent pas une occasion de stigmatiser l'« âge couperet » pour préconiser le « libre choix » de l'âge de liquidation de la pension. Il est vrai que cet argument se heurte à un fort attachement des

1. Les retraités nés en 1938 ont cessé leur emploi à 58,8 ans et liquidé leur pension à 60,5 ans : 61,4 ans pour les femmes et 59,5 ans pour les hommes (DREES, Échantillon interrégimes des retraités, 2004).

salariés aux 60 ans, avec des mots pour le dire qui sont souvent très chargés d'affect : nécessité de laisser la place aux jeunes dans un contexte de chômage massif, pénibilité du travail justifiant d'ailleurs une entrée en retraite avant 60 ans dans certains cas, ras-le-bol et épuisement du fait du stress et de la perte de sens au travail, désir de passer à autre chose et de réaliser des dimensions de soi restées en friche. Mais la faiblesse de ces arguments tient à ce qu'ils ne s'inscrivent pas dans un discours cohérent alternatif à l'argumentaire réformateur.

La construction d'un discours politique fort sur le départ à la retraite pour tous à 60 ans est d'autant plus nécessaire que le thème de la « nouvelle étape de l'existence » auquel il est associé est décisif pour l'avenir de la pension comme salaire continué. Si le rapport au travail de cette « nouvelle étape » n'est jamais défini autrement qu'en termes très généraux (faire ce dont on a envie) ou négativement (fuir ce que le travail tel qu'on l'a exercé avait de mortifère), ou dans la seule sphère privée, ou dans des niches humanitaires, ou dans un « ailleurs » posé comme tellement exotique que son exemplarité est discutable ; pire, si la retraite est posée comme le temps de l'inactivité, du loisir comme soutien de la demande de biens et de services, et comme tel générateur d'emplois, alors les réformateurs garderont l'initiative de l'argumentation, fût-elle inepte comme nous l'avons vu au chapitre précédent. S'ils ne sont pas contrés dans leur discours identifiant travail et emploi, travail et subordination, travail et marché du travail, alors ils pourront, sur la base de la boîte noire du rapport au travail des retraités, continuer à les poser comme d'« anciens travailleurs » ayant besoin d'un revenu pour pouvoir consommer. Sur ce terrain qui est le leur, ils sont les plus forts et peuvent imposer l'argumentaire de la prévoyance.

Un retraité dont la qualification est sans objet n'a pas besoin de salaire, fût-il « différé », « solidaire », « né dans l'entreprise », « nourri du pacte générationnel » et *tutti quanti* : on voit sans plaisir les efforts discursifs désespérés d'opposants d'avance battus. L'importance politique de l'âge de la retraite est inversement proportionnelle à la vacuité de la période qui suit. Il n'a plus de raison d'être politique s'il s'agit pour le retraité d'entrer dans une fin de vie déshabillé de sa qualification : l'âge devient affaire privée d'arbitrage entre durée dans l'emploi et niveau de revenu différé.

Le retraité a besoin d'un âge politique d'entrée en retraite s'il s'agit pour lui d'entrer avec sa qualification, comme salarié donc, non seulement dans une nouvelle période d'activité hors du marché du travail et de l'emploi, mais encore dans un laboratoire politique où il va expérimenter la possibilité de remplacer, pour tous, le travail mené sous le joug de la valeur travail par un travail qui en est libéré. Une telle responsabilité est certes très heureuse, mais elle a besoin d'un dispositif politique pour pouvoir s'exercer, dont les droits liés à un âge politique sont un élément décisif. Et pour porter un tel projet, il faut mener un débat politique à une tout autre hauteur qu'il ne l'est aujourd'hui. Au lieu d'apporter une pierre de plus au mur des lamentations sur son absence, ce livre a entrepris d'en fournir les arguments. Ce chapitre commence par replacer la réforme des retraites dans le projet réformateur de flexicurité, qui consiste à remplacer l'emploi par l'employabilité, puis montre comment l'exemple des retraites permet d'agir pour le remplacement de l'emploi par la qualification personnelle pour tous, avant d'évoquer les questions nouvelles posées, en particulier sur le « faire entreprise » sans emploi ni employeur.

L'objectif politique de la réforme : remplacer l'emploi par l'employabilité

Pour prendre la mesure de la responsabilité des retraités dans l'invention de chemins nouveaux pour le travail, commençons par inscrire la réforme des pensions dans l'entreprise réformatrice globale, qu'on peut définir comme le passage de l'emploi à l'employabilité. Pour un premier aperçu de la différence entre ces deux régimes du travail, il suffit d'évoquer toutes ces entreprises où il était possible de faire carrière sans passer par une logique de marché du travail : l'ancienneté ou des listes d'aptitude présidaient à l'affectation aux emplois. Aujourd'hui, chacun fait des CV en interne pour postuler à des emplois mis en compétition entre des collègues qui peuvent avoir trente ans d'ancienneté mais qui doivent en permanence réexpliquer qui ils sont et ce qu'ils savent faire dans des entretiens d'embauche en interne menés en faisant table rase de leur qualification. La mobilité dans l'entreprise passe ainsi par une procédure dont le fondement est de mesurer une distance à l'emploi recherché, qui par définition ne sera jamais nulle : l'employabilité présume l'inadéquation *a priori* du candidat à l'emploi pour lequel il postule, et ce soupçon pourra continuer de peser même sur le futur salarié retenu. Si bien que l'emploi n'est plus le support de la qualification, tel que nous l'avons défini au troisième chapitre pour les années 1960 et 1970, mais le vecteur d'une permanente suspicion d'inemployabilité.

Les années 1960 et 1970 ont vu en effet culminer la logique de l'emploi comme institution ambivalente : institution du capital puisque l'emploi est l'instrument de la soumission du travail à la valeur travail, mais aussi matrice de la socialisation du salaire avec la montée en puissance du salaire à la qualification et de la cotisation sociale. Parce qu'elle ouvrait un espace à des institutions salariales subversives des institutions du capital, la dynamique de l'emploi, contestée par les réformateurs à compter du milieu des années 1970, connaît aujourd'hui deux formes antinomiques l'une de l'autre. D'une part, une contre-offensive des milieux dirigeants européens a mené les réformes au nom de la libre circulation des capitaux, des marchandises et des personnes, de la compétitivité des entreprises et de la modernisation du marché du travail. Depuis la fin des années 1990, elle s'inscrit dans la proposition communautaire de flexicurité qui réassume la logique de l'emploi selon des modes plus adéquats à un capitalisme financiarisé et promeut ce que nous allons définir comme des « employables prévoyants », prévoyants parce que dotés du revenu différé analysé au chapitre 2. D'autre part, en contradiction avec cette logique réformatrice, la dynamique du salaire à vie à la qualification personnelle, portée par des revendications syndicales minoritaires comme celle d'un « nouveau statut du travail salarié » à la CGT, s'appuie sur les droits salariaux conquis dans la dynamique de l'emploi et sur le précédent de la fonction publique, mais en dépassant leur corporatisme. C'est une autre manière de nommer l'enjeu politique dont participe l'entreprise réformatrice des retraites : la réforme réussira-t-elle à remplacer les titulaires d'emploi par des employables prévoyants dotés de comptes épargne divers, ou échouera-t-elle parce que les opposants auront été capables d'imposer la figure du salarié doté d'une qualification personnelle en s'appuyant sur les institutions salariales comme le salaire continué dans la pension ? Pour saisir cet enjeu, il faut d'abord comprendre quelle est la figure du travailleur que l'employabilité cherche à promouvoir.

L'emploi change de sens

La dynamique de l'employabilité a pour objectif de restaurer comme centrales et même comme exclusives les institutions du capital, alors que la logique de l'emploi les avait doublées d'institutions salariales potentiellement ou déjà anticapitalistes. La première manifestation de cette réforme est la réaction monétariste de la fin des années 1970 et des années 1980, qui interdit le financement de la dépense publique par la banque centrale et centre la création monétaire sur l'anticipation du prix des marchandises dans le prêt bancaire. En même temps, la remise en cause de la fiscalité tend à imposer la production marchande, ou à ne tolérer la production non marchande que pour autant qu'elle est au service de la production marchande. Il reste bien un espace pour un secteur public, mais c'est un secteur public au service de la logique de l'accumulation financière: Réseau ferré de France, la SNCF et les Régions doivent assurer l'infrastructure et les lignes non rentables, ce qui permettra à Veolia de faire des profits sur le train à grande vitesse. En même temps, la financiarisation du capital impose de nouveaux indicateurs de prises de décisions économiques au service de la production de valeur pour l'actionnaire, c'est-à-dire de la sécurité de rendements du capital bien supérieurs aux gains de productivité, tandis que l'insécurité est reportée sur les salariés ou sur l'activité de production. La bulle financière gonfle progressivement sur la base d'un pillage du salaire dont les principaux aiguillons sont le chantage à l'emploi, la pratique de la délocalisation, la mise en cause des conventions collectives par la sous-traitance. Le périmètre ainsi mouvant de l'entreprise l'est rendu encore davantage au gré des mouvements de capitaux et, dans cette nouvelle configuration de l'entreprise, l'employeur des années 1970 s'efface derrière l'actionnaire, la direction des ressources humaines conquiert une place fondamentale détachée des logiques productives, et l'institution capitaliste de l'accumulation financière et du droit de propriété lucrative retrouve tout son lustre. Pour cela, il faut bien sûr que la cotisation sociale (en plus de l'impôt) soit stigmatisée, contestée, récusée, désignée comme « taxe sur le travail », remplacée par des dotations budgétaires aux caisses de sécurité sociale, ce qui rend encore plus difficile la dépense publique et réduit l'espace de la fonction publique et du non-marchand.

La réforme s'emploie ainsi à globaliser le marché du travail en s'attaquant notamment aux marchés internes aux entreprises ou aux branches. Angoissés par des passages sur le marché du travail de plus en plus traumatisants, les salariés n'osent pas, en effet, quitter leur emploi (d'où l'allongement constaté de leur durée moyenne). Ou bien ils essaient de se réfugier dans des marchés internes de grandes entreprises ou dans des marchés professionnels comme les professions libérales ou la fonction publique à laquelle on n'accède que par concours. Or, pour les réformateurs, il faut en finir avec ces formes corporatives et faire advenir enfin un vrai marché du travail. Dénoncés comme inégalitaires et sources de discrimination entre « inclus » et « exclus », les emplois, tels qu'ils ont été construits comme porteurs de droits salariaux au bénéfice des travailleurs, sont remis en cause à travers la promotion de l'employabilité à la place de la qualification liée au poste de travail. Ce qui est mis en avant, ce n'est plus d'abord le poste de travail, sa qualification et la sécurisation des droits liés, ce n'est donc plus la qualité et la sécurité de l'emploi, c'est la sécurité de la mobilité à travers une hypocrite « sécurisation des parcours professionnels », pour reprendre la thématique dominante aujourd'hui en France en matière de flexicurité, qui permet aux employeurs de faire accepter des droits salariaux à la baisse.

La flexicurité suppose de fortes interventions publiques : pour que les salariés n'hésitent pas à se rendre de manière récurrente sur le marché, encore faut-il qu'ils soient systématiquement indemnisés, pris en charge par un service public de l'emploi performant, assurés d'un réel droit au reclassement, en capacité de transférer certains droits comme la formation ou les complémentaires maladie chez le nouvel employeur, etc. Cela se traduit chez les réformateurs[2] par l'affirmation de la nécessité

2. Pierre Cahuc et Francis Kramarz, *De la précarité à la mobilité : vers une sécurité sociale professionnelle*, rapport aux ministres

d'intermédiaires efficaces sur le marché du travail. C'est toute la thématique réformatrice du service public de l'emploi (SPE), un service public de l'emploi ayant une obligation de résultat, et donc mieux financé grâce à une taxe de type pollueur-payeur sur les entreprises qui licencient : elles devraient verser au service public de l'emploi par exemple 2 % des salaires qu'elles ont payés depuis leur embauche à tous ceux qu'elles licencient. Pour les réformateurs, le service public de l'emploi profile les chômeurs, c'est-à-dire mesure leur employabilité, puis les affecte à des agences de reclassement dont l'obligation de résultat est matérialisée en particulier dans leur mode de financement : ils reçoivent le tiers de la somme qui leur est affectée lorsque le chômeur arrive entre leurs mains, le deuxième tiers lorsque le chômeur est effectivement dans l'emploi et le troisième tiers si six mois plus tard il l'est encore. Cette obligation de résultat est toujours accompagnée symétriquement d'une obligation pour les salariés d'accepter les offres d'emploi valables, raisonnables, convenables : les qualificatifs ne manquent pas qui trahissent la disqualification qu'elles peuvent représenter. Ce caractère central du service public de l'emploi s'accompagne d'un droit à la formation tout au long de la vie, et ce droit, ainsi que les autres droits garants de l'amélioration de l'employabilité, ne doivent plus être liés au poste de travail mais à la personne. Dans le projet réformateur – mais il y a encore loin de la coupe aux lèvres –, le droit au reclassement, l'accès aux prestations du service public de l'emploi, le droit à la formation ne devraient plus être liés au type de poste de travail, à la taille ou au secteur de l'entreprise, au type de contrat de travail, mais ils devraient être universels et transférables d'une entreprise à l'autre, avec obligation pour le nouvel employeur de les honorer au niveau où ils ont été acquis précédemment.

chargés de l'Économie et de l'Emploi, La Documentation française, Paris, 2004.

Logique de l'employabilité contre logique salariale : les employables prévoyants

L'acquisition des droits nous renvoie à une logique tout autre que la logique salariale antérieure, parce que la promotion de l'employabilité est l'occasion d'une marginalisation massive du salaire, qui accompagne sa stagnation. Il est d'ailleurs significatif que le terme « salaire » soit exclu du débat public et remplacé par celui de « pouvoir d'achat ». D'une part, en remettant en cause la qualification et la sécurité du poste (au bénéfice, donc, de l'employabilité et de la sécurisation des mobilités), les réformateurs mettent en cause le salaire à la qualification, le respect de la grille salariale, la négociation collective de branche, l'ordre public social, qui font que le contrat de travail doit respecter toute une hiérarchie des normes. Avec d'ailleurs une forte impulsion communautaire dont témoignent encore les arrêts récents de la Cour de justice de l'Union européenne[3], qui affirment l'application du droit du travail du pays d'origine pour les travailleurs détachés dans un autre État membre, sous réserve du respect du seul droit national minimal du pays d'accueil, ce qui y détruit toute l'épaisseur de l'ordre public social. D'autre part, le salaire socialisé est largement mis en cause, et en particulier la cotisation sociale dont nous avons vu la portée anticapitaliste. La cotisation qui générait une prestation en répartition en fonction du salaire est dénoncée comme « taxe sur le travail » et remplacée soit par l'impôt de la CSG, soit par un dispositif de « piliers » : un premier pilier de revenu différé et garanti par l'État sur le modèle de la pension publique suédoise ou italienne et un second pilier d'épargne salariale. Le salaire a disparu, nous sommes dans la logique d'une prévoyance qui accumule sur des comptes individuels les droits à pension tout comme s'accumulent

3. Arrêts Laval, Viking, Rüffert et contre le Luxembourg.

sur des comptes individuels des droits à formation, à RTT, à une couverture santé complémentaire, au chômage : tout peut devenir l'objet d'une épargne notionnelle qui ne génère pas d'accumulation financière mais qui, fonctionnant selon la logique de l'épargne, remplace le salaire et restitue leur légitimité à une propriété lucrative et à une accumulation financière que la cotisation sociale avait fortement contestées.

Si cette dynamique l'emportait, nous n'aurions donc plus affaire à des titulaires d'emploi, mais à des *employables prévoyants* : l'employabilité remplacerait la qualification, la garantie d'une prévoyance liée au travail subordonné à travers des comptes épargne remplacerait le salaire de la cotisation sociale. Le salaire socialisé céderait la place au revenu différé ou à l'accumulation financière en même temps que le binôme du contrat de travail et du contrôle judiciaire remplacerait l'ordre public social. Tandis que seul le travail subordonné générerait des droits, ceux-ci prendraient des formes congruentes au marché du travail et à la propriété lucrative. Si on ajoute à ces éléments la réaction monétariste et la prégnance des marchés financiers, on voit que, contre les prémices d'institutions salariales dont était porteuse la dynamique de l'emploi, ce sont les institutions du capital qui seraient remises en selle.

Vers la qualification personnelle pour tous

Pourtant, à en rester à cette analyse, on risque de ne pas voir le caractère contradictoire et polémique du mouvement dans lequel s'inscrit la logique réformatrice. La dynamique de l'employabilité est en effet antinomique d'une autre dynamique, celle du salaire à la qualification personnelle qui ne part pas de rien : le salaire à la qualification, la sécurité sociale, les conventions collectives, la fonction publique en sont des anticipations puissantes.

Une anticipation décisive : la fonction publique

Commençons par ces anticipations, précisément. Je ne reviens pas sur la retraite avec le salaire continué dans la pension, qui a fait l'objet des chapitres précédents. Mais les retraités ne sont pas seuls. À côté d'eux, les fonctionnaires constituent, avec les professions financées par une socialisation du salaire (les médecins et les artistes, essentiellement) et avec certains salariés à statut des entreprises publiques, une intéressante anticipation de la qualification personnelle. Car, dans la fonction publique, c'est la personne et non pas le poste de travail qui est qualifiée. L'« employeur » direct d'un fonctionnaire dirige son travail mais n'a aucune prise sur ses droits salariaux (niveau de salaire, promotion, conditions de la mobilité, couverture sociale), qui dépendent de son grade, pas du tout de son emploi. C'est aussi pourquoi il n'y a pas de chômeurs chez les fonctionnaires. Et que leur pension est définie comme une continuation du traitement, c'est-à-dire qu'à sa liquidation, c'est le dernier (et donc le meilleur) salaire qui est pris en compte. Et jusqu'à la réforme Fillon-Chérèque de 2003, son indexation suivait exactement le mouvement des salaires, puisque l'assiette de la pension du retraité était le salaire qu'il aurait touché s'il avait été encore en activité, soit la valeur courante de son indice terminal.[4] Cette anticipation est donc suffisamment radicale pour que les réformateurs aient l'obsession d'en finir avec la fonction publique : dénigrement permanent d'un travail mené sans employeur et sans validation marchande, « nouveau management public » précisément pour introduire ces deux dimensions dans des services publics qui jusqu'alors s'en étaient parfaitement passés,

4. D'où d'ailleurs l'enjeu, pour les réformateurs qui veulent en finir avec la pension comme poursuite du salaire, de refuser les hausses des points d'indice et de n'augmenter les salaires des fonctionnaires que par la progression indiciaire et les primes.

même si travailler sans employeur et sans marchandise pose des problèmes spécifiques que j'évoquerai dans la prochaine section. Quant à la pension des fonctionnaires, après son indexation sur les prix, c'est son assiette sur l'ensemble de la carrière qui est aujourd'hui l'objectif à moyen terme des réformateurs : exemple le plus remarquable du maintien de la qualification jusqu'à la mort, l'assiette du dernier salaire est l'obstacle que les réformateurs veulent renverser. On ne peut pas s'opposer à cette entreprise autrement qu'en promouvant la qualification personnelle pour tous, ce qui permet de faire le lien avec les attaques actuelles contre la maîtrise de sa mobilité par le fonctionnaire et contre son salaire à vie, fondés l'une et l'autre sur le fait que ce n'est pas son emploi qui décide de ses droits. Il importe de mettre en évidence ce que gagne le travail à être mené sans emploi et sans marchandise[5], et donc de promouvoir la fonction publique non pas par l'invocation corporatiste de contraintes spécifiques aux métiers des fonctionnaires, mais par la volonté d'étendre à tous les salariés la distinction entre grade et poste, et donc, pour tous, la reconnaissance de la qualification, l'absence de chômage, la maîtrise individuelle de la mobilité. Tant il est vrai que c'est la production de tous les biens et de tous les services qui mérite d'être assurée par des salariés libérés de l'emploi et de la marchandise !

L'assurance maladie permet également que la majorité des soins de santé soit produite sans marchandise : même si les réformateurs poussent pour l'entrée d'une logique marchande, et qu'une partie des soins devienne source de profit, ils ne le sont pour le moment encore que très minoritairement. Payés par le salaire socialisé de l'assurance

5. Je rappelle que la marchandise est un produit du travail mené sous le joug de la valeur travail, et qu'il peut donc y avoir des produits faisant l'objet d'une évaluation monétaire qui ne sont pas des marchandises.

maladie[6], les médecins hospitaliers et les médecins libéraux de secteur 1[7] sont une anticipation intéressante de qualification personnelle. Même s'ils subissent une très forte pression pour se soumettre à une logique d'emploi et obéir aux objectifs d'un employeur, ils y résistent, d'une façon d'ailleurs très insuffisamment relayée par les organisations de salariés, qui ne savent que faire avec des professionnels définis d'abord par leur qualification et non par un emploi ou un contrat de travail. Ils n'ont d'ailleurs pas de contrat de travail s'ils sont libéraux, et sont donc salariés au sens théorique développé ici mais pas au sens juridique. On a pourtant, avec ce genre de situations (qu'on retrouve aussi avec les intermittents du spectacle, autre cible privilégiée des réformateurs), des expérimentations en grandeur nature de l'avenir d'un salariat non défini par le contrat de travail et fondé non pas sur le plein-emploi mais sur la pleine qualification.

Attribuer à chacun une qualification personnelle

Parmi les premiers à mobiliser dans cette perspective, il y a bien sûr les étudiants, dont le travail hors emploi peut être reconnu par du salaire sans qu'ils aient besoin d'occuper de petits boulots. Les allocations familiales sont du salaire qui reconnaît le travail sans emploi et sans marchandise des parents et des jeunes, et on voit bien qu'elles anticipent ou en tout cas peuvent nous rendre audible le fait que les étudiants soient payés. Payés non pas comme futurs travailleurs en train d'investir dans leur

6. D'où l'enjeu fondamental, pour les réformateurs, d'en finir avec la cotisation d'assurance maladie, remplacée par la CSG : le lien de la reconnaissance du travail non marchand des soignants avec le salaire socialisé doit être détruit.

7. La convention de secteur 2 est un non-sens qui entretient une suspicion sur l'ensemble du corps médical de « profiter d'un transfert social », ce qui contribue à la propagande réformatrice.

capacité de travail futur, parce que si c'est comme futurs travailleurs qu'on les considère, cela légitime des prêts : c'est ce que font les Anglais, ils prêtent aux étudiants qui remboursent ensuite sur le surplus de salaire obtenu grâce à leurs études. Le salaire des étudiants, au contraire, reconnaîtrait que les études sont un travail et non pas simplement une activité utile. Salaire et non pas allocation d'autonomie : que seraient des retraités touchant des allocations d'autonomie ?

La perspective tracée par les retraités peut être ainsi étendue à l'ensemble des actifs. Le modèle de sécurisation des parcours professionnels exposé plus haut laisse la portion congrue aux droits qui sont transférés de l'emploi vers la personne puisqu'il ne s'agit que des droits liés à une certaine sécurisation de la mobilité du travailleur (les comptes épargne en matière de formation, de pensions, de couverture santé, le droit au reclassement). Au cœur de la logique du salaire à vie à la qualification personnelle, il y a au contraire transfert à la personne de l'essentiel des droits liés aujourd'hui à l'emploi : la qualification, le salaire et la participation à des institutions représentatives des salariés. Ce déplacement massif des droits salariaux du poste de travail vers la personne entraîne l'attribution à chaque personne d'un salaire (un salaire à la qualification et non un « revenu universel », je vais revenir sur l'opposition entre les deux). Si la qualification devient un attribut personnel, un attribut qui ne peut pas être revu à la baisse à l'occasion d'un changement de poste de travail ou de sa suppression, le salaire, qui est lié à la qualification, ne peut pas lui non plus être remis en cause. Nous sommes dans la situation d'un salaire tout au long de la vie et donc d'un salaire pour tous.[8]

8. Rappelons que le salaire à vie est lié à la qualification et non pas au statut : il peut concerner des travailleurs indépendants et permet des changements de statut très difficiles aujourd'hui.

Ce salaire de la fin du lycée à la mort signifie donc que la pension est la poursuite du salaire (et qu'il n'y a aucune raison que la qualification s'arrête avec l'entrée en retraite), qu'il y a continuation du salaire entre deux emplois, que le smic est attribué entre 18 ans et le premier emploi. L'amélioration constante de la qualification personnelle relève d'un droit à la qualification et génère sans à-coups une progression salariale et une libre mobilité garanties, et en partie financées, par une caisse des qualifications personnelles[9]. On le voit, faire de la pension la continuation du salaire, c'est tout autre chose qu'une technique de calcul, c'est le début de la métamorphose de l'« employé » titulaire d'un emploi en un « salarié » titulaire d'une qualification.

La qualification personnelle, matrice d'une redéfinition de l'entreprise

Évidemment, le développement précédent appelle tout une série de questions : comment attribuer les qualifications ? Comment faire entreprise sans employeur et sans marchandise ? Comment décider de la production ? « Faire entreprise » et pas simplement « travailler », car on ne construit pas un train et on ne fait pas fonctionner une raffinerie, pas davantage qu'on ne lance un processus d'innovation, par une addition de personnes au travail.

Sans employeurs et sans marchandises ?

Rappelons que « sans employeurs » ne veut pas dire « sans entrepreneurs ». L'entrepreneur anime l'entreprise

9. « Caisse des qualifications personnelles » plutôt que « caisse de sécurité sociale professionnelle », le terme de « professionnel » étant trop étroit pour désigner le déploiement de la qualification tout au long de la vie.

alors que le terme « employeur » désigne la fonction de décider de l'employabilité d'une personne réduite au statut de force de travail. Que dans les TPE et parfois PME ces deux fonctions se confondent dans la même personne ne signifie pas qu'elles vont ensemble : tout l'enjeu des retraites (mais aussi de la fonction publique ou de professions indépendantes) est précisément de montrer qu'il faut supprimer la fonction d'employeur pour pouvoir affirmer celle d'animation d'une entreprise selon des modalités nouvelles. Et cela peut se faire avec l'appui de nombreux employeurs actuels de TPE, car supprimer cette fonction en donnant à chacun une qualification ne pourra être, pour eux, qu'une libération. Et cela pourra aussi dynamiser la fonction d'entreprise et d'innovation : des salariés mobilisés autour de leur professionnalité reconnue de façon irrévocable sont plus inventifs et dynamiques sur le long terme que des travailleurs gérés par la peur et leur mise en compétition comme forces de travail. Les salariés titulaires d'une qualification ne seraient plus des demandeurs d'emploi, ils seraient posés comme producteurs, les seuls producteurs : ce ne serait plus des mineurs sociaux. La subordination aurait disparu : nous serions dans une logique de travail libre, au sens de travail libéré de la valeur travail. Alors la contrainte, les échéances, la hiérarchie, la recherche de qualité et d'innovation, l'exploration de produits nouveaux, toutes choses qui sont inhérentes à la production, pourraient être assumées hors de toute incertitude des salariés sur leur statut, avec un horizon temporel long, dans une définition des fins et des moyens du travail par les intéressés. La hiérarchie pourrait être élective, ou un mixte d'élection et de nomination, par exemple ; la contrainte pourrait être assumée par des processus démocratiques de délibérations entre des égaux également titulaires de qualifications certes inégales et progressant à des rythmes différents, mais dont l'amélioration serait assurée par l'intervention des caisses de qualifications personnelles ; loin de résider dans la seule personne de l'entrepreneur, l'innovation pourrait relever aussi de la synergie des qualifiés.

« Sans marchandises » : le travail ne serait plus organisé sous la tyrannie du temps de travail abstrait qui caractérise la production de marchandises capitalistes. Il s'agira de produire des biens et services identifiés, lisibles pour les usagers, qui auront pour une partie d'entre eux un prix, pour d'autres un tarif, tandis que d'autres seront gratuits.

Faire entreprise

Qu'en est-il, dans ces conditions, des entreprises ? Elles seront la convergence de qualifiés porteurs de réseaux personnels et mobilisés sur une production commune. Cela ne manque pas de poser des problèmes nouveaux, car la rencontre de qualifiés porteurs de réseaux n'en fait pas forcément des collègues travaillant à un produit commun. On le voit par exemple à l'université, institution marquée par cette difficulté car les enseignants, comme chercheurs, ont des produits qui n'entrent pas en cohérence immédiate avec ce qu'ils produisent comme enseignants, leurs réseaux de recherche ne sont pas leurs collègues d'enseignement, ce qui est sur le fond une source de richesse pour l'université mais aussi rend les produits peu lisibles et multiplie les occasions de dysfonctionnement. Poser l'université comme une entreprise (c'est-à-dire comme un lieu de travail voué à des produits spécifiques) est nécessaire. Le faire selon les recettes de la valeur travail, ce que proposent le « nouveau management public » et la loi de réforme des universités, est une régression. Comme le montrent les effets désastreux sur le travail des privatisations de services publics, ce n'est pas en introduisant de l'employeur et du prix que l'on constitue des entreprises en mesure de mettre en synergie des salariés porteurs de qualification.

La définition des produits est liée à celle des qualifications et pose la même question en matière de remplacement de l'*autre* et du *tiers* qui doivent nécessairement intervenir. Une production nationale n'est pas l'addition d'autogestions autonomes, pas davantage que les individus n'autoproclament leur qualification. L'autre que représente l'employeur et le tiers que joue le prix dans la logique du capital doivent être remplacés. Dépasser la logique de l'employabilité décidée par un employeur ne supprime ni l'altérité ni le tiers nécessaires à la définition de la qualification personnelle.

S'agissant de l'*altérité*, la construction de l'emploi comme matrice des droits salariaux s'est accompagnée d'une série de garde-fous de l'arbitraire de l'employeur dans le fonctionnement de l'intermédiation de l'emploi, dans la définition de la qualification des postes de travail, dans les conditions d'embauche et de fin de contrat, dans la gestion prévisionnelle des emplois et la formation continue, dans la valorisation des acquis de l'expérience. Tous les acteurs et outils impliqués dans ces processus pourront voir leur rôle se déployer du fait de la marginalisation des employeurs, en même temps que, appliqués à reconnaître des qualifications et non pas des employabilités, ils auront un rôle nouveau.

S'agissant du *tiers* qui vient valider la qualification qu'un autre a attribuée, il faudra bien assumer le rôle joué aujourd'hui, dans la validation de la décision de l'employeur d'attribuer une employabilité, par le marché des biens et services et par les anticipations qu'en font les prêts bancaires. Il s'agit là des questions ardues de la place relative et de la régulation des différentes productions, et de création de la monnaie, que cet ouvrage ne peut traiter, mais que le projet de prolongement de notre tradition de salaire socialisé dans l'attribution universelle d'une qualification personnelle doit affronter, et à propos desquelles on dispose, du côté du non-marchand étatique ou de certains pans de l'économie sociale, d'un patrimoine de pratiques à transposer. Ce sur quoi je veux insister, encore une fois, c'est sur le préalable du passage de l'emploi à la qualification personnelle comme vecteur des droits économiques et sociaux. C'est en faisant sauter ainsi le verrou de la valeur travail qu'on se mettra en position d'affronter correctement les questions que pose une autre mobilisation du travail et que posent d'ores et déjà, mais fort mal et avec des réponses catastrophiques si on laisse faire les réformateurs, les impasses dans lesquelles le travail est aujourd'hui enfermé.

Travail et salaire : des mots dotés d'un sens nouveau

Les perspectives ouvertes changent le sens de mots aussi communs que « travail » ou « salaire » et posent la question de leur usage.

Le travail de la qualification personnelle

Si le *travail* fait l'objet d'une telle émancipation, pourquoi continuer à le désigner ainsi ? Pourquoi appeler « travail » l'activité d'un salarié ? Un salarié, on l'aura compris, n'est pas un « travailleur » parce qu'il n'est pas une force de travail et que ce n'est pas le temps de travail qui mesure sa valeur et celle de ce qu'il produit, et il est bon qu'en tout cas en français l'usage soit en train de remplacer « travailleurs » par « salariés » (même si l'essentiel des travailleurs le sont toujours, tandis que la réforme ambitionne de transformer les actuels salariés... en travailleurs). Dans ces conditions, n'est-ce pas obscurcir cette nouveauté du salarié que d'appeler « travail » ce qu'il fait et de dire que les retraités travaillent ? Quelle est l'opportunité d'appeler « travail », mot identifié aujourd'hui à « emploi », l'activité libérée de l'emploi précisément, et menée sous la dynamique de la qualification personnelle ? J'entends bien que cette objection ne se confond pas avec celle, que je récuse quant à elle totalement, qui voue les retraités au loisir bien mérité, au droit de ne rien faire après avoir tant fait, ce « ne rien faire » qui n'est jamais que le symétrique aliéné du « faire » aliéné sous l'emploi. Ici, il s'agit de prendre acte qu'émanciper le travail de l'emploi, de la marchandise, de la valeur travail en change tellement la nature qu'un autre mot doit être trouvé pour désigner cette autre chose. Je n'en suis pas convaincu.

Car les mots ont une histoire, et depuis le XVIIIe siècle celle du mot « travail » a ses lettres de noblesse. Les Lumières le placent comme seul fondement légitime du patrimoine. C'est comme expression politique des travailleurs que la classe ouvrière a conquis sa place. Le travail est au cœur de la construction de notre personnalité. Je pense qu'il faut disputer l'usage du mot aux réformateurs et le libérer de son identification à l'emploi pour lui permettre de s'enrichir de toutes les dimensions que lui apporteront les salariés en donnant libre cours à leur qualification.

Le salaire, institution politique majeure

Il en est de même pour le *salaire*, dont j'ai montré l'opposition à l'emploi auquel il est pourtant toujours associé. Car, au fond, sur quoi repose l'argumentaire réformateur ? Sur un discours de sens commun sur le salaire, partagé par les réformateurs et leurs opposants : le salaire est le prix de la force de travail, et il n'y a rien de nouveau sous le soleil. En deux siècles d'affrontements sur le salaire, certes des droits ont pu être conquis (le barème de la qualification, la sécurité sociale, par exemple), mais le contexte politique est toujours là : ces droits, comme tout le droit du travail, sont la contrepartie de la subordination, de la minorité sociale du travailleur. Un marxisme réduit à peu de chose peut aussi véhiculer ce sens commun qui finalement conduit à réduire le salaire, ce galeux, à un revenu. À défaut d'abolir les institutions du capital, qu'au moins le salaire serve aux travailleurs à récupérer la plus forte part possible de la valeur ajoutée ! Le travailleur est titulaire d'un gagne-pain (les libéraux disent d'un capital humain) qu'il s'agit de rendre le plus efficace possible par l'action collective qui bornera les prétentions du patronat à payer au minimum.

Il est temps d'en finir avec cette vision au rabais du salaire identifié à la rémunération du travail subordonné, et qui du coup peut être fiscalisé dans le smic, réduit par la CSG à la seule relation d'emploi, remplacé par un impôt dans une cotisation sociale qui n'aurait plus pour seule assiette la masse salariale. Il est temps de sortir de ce discours convenu, aveugle sur la nouveauté inouïe de la qualification ou de la cotisation sociale : nouveaux rapports au temps, au travail, à la propriété, à l'investissement, à la monnaie, nouvelles institutions salariales en mesure de remplacer les institutions du capital. Combattre l'argumentaire réformateur est impossible sans une *forte vision du salaire comme institution politique* qui enrichit la citoyenneté par l'attribution à chaque personne d'une qualification personnelle et par le financement salarial de l'économie. Le salaire peut être universel : pour tous et pour tout. Car une cotisation économique le poserait comme universel dans cette seconde dimension : pas seulement le salaire pour tous par l'attribution de la qualification personnelle, mais aussi le salaire pour tout puisque l'investissement lui-même deviendrait un élément du salaire, ce qui fonderait le droit des salariés à définir les fins et les moyens du travail.

Je voudrais en profiter pour faire ici une mise au point nécessaire, car même si le lecteur a maintenant compris le fossé qui sépare radicalement le salaire du revenu, son oreille habituée au refrain du « revenu universel » peut le conduire à confondre le « salaire universel » avec ce dernier. Or, il s'agit de réalités antagonistes. Le revenu universel (au sens de distribution universelle d'un forfait de plus ou moins haut niveau selon les projets, disons entre le RMI et le smic) pose les personnes comme porteuses de besoins qui pourraient être, pour un premier étage, financés par le revenu d'un patrimoine collectif dont l'État est le gardien et sur lequel chacun a un droit de tirage. Certes, parce qu'ils argumentent en faveur d'une distribution monétaire universelle, les partisans d'un tel revenu d'existence garanti apportent une contribution utile à la mise en cause de l'idéologie de la contributivité et à la représentation des ressources comme récompense d'un travail. Mais leur proposition, qui, cela dit, n'est pas négligeable, s'inscrit dans le déni capitaliste des personnes comme productrices, et seules productrices de la richesse hors de toute fiction patrimoniale lucrative. Le caractère collectif du patrimoine sur lequel les personnes auraient un droit de tirage ne change rien à la chose : nous sommes dans la fiction d'un revenu tiré d'un patrimoine, une liqueur magique hélas décalquée du droit de propriété lucrative. Aucune ressource ne peut sortir d'un patrimoine, sauf par l'usage d'un droit de propriété lucrative expropriateur. À cet aval donné à une institution du capital aussi fondamentale que la propriété lucrative, le revenu universel ajoute le fait que, à titre de « premier chèque », forfaitaire, constitutif des ressources individuelles, il appelle un « second chèque », fonction de la contribution de l'individu à la production et donc confortera le marché du travail et la valeur travail, d'autant plus que la solidarité tutélaire du forfait universel mettra en péril les garanties attachées à l'emploi. Le revenu universel est ainsi l'antagoniste du salaire universel, qui, lui, nous délivre du marché du travail, de la disqualification des producteurs posés comme êtres de besoins, de la fiction du revenu, de la valeur travail et de la propriété lucrative.

Quant au statut de *salarié*, on l'aura compris au terme de cet ouvrage, il concerne celles et ceux qui, indépendants ou non, sont payés pour leur qualification personnelle et sur cette base sont au travail librement[10]. Une partie des retraités en est l'anticipation la plus accomplie. Faut-il continuer à désigner comme salariées des personnes émancipées de la subordination ? Oui, car ce sont les institutions salariales qui les supportent comme telles. Le *salariat* sera précisément non pas l'addition des salariés, comme le veut une acception courante de médiocre intérêt, mais l'ensemble affirmé des institutions salariales, si elles parviennent à se substituer à celles du capital. Voilà le projet d'une opposition réussie à la réforme, voilà donc l'enjeu des retraites puisqu'elles sont, comme salaire continué, le tremplin essentiel de cette opposition. Cela mérite que 60 ans soit un âge politique !

La retraite à 60 ans : la nécessité d'une seconde carrière

Les lecteurs convaincus par les développements de ce chapitre de l'extrême importance des 60 ans comme âge politique d'entrée en retraite ne peuvent, arrivés à ce moment de la lecture, échapper au raisonnement suivant. Si, grâce à l'action des retraités, des fonctionnaires, des professionnels libéraux payés par le salaire socialisé, des intermittents du spectacle, des salariés en situation de donner cours à leur qualification dans des coopératives, des associations…, il devient possible de prêter main-forte aux travailleurs des entreprises capitalistes dans leur affrontement à la valeur travail de sorte que celle-ci soit, dans ces entreprises, marginalisée puis vaincue, tout travail sera l'expression des qualifications personnelles et tous les travailleurs pourront accéder au statut de salariés. Ainsi, le travail aura perdu son rôle aliénant de

10. Librement ne veut pas dire sans contrainte, mais hors de la valeur travail.

mesure de la valeur, et le salariat pourra déployer ses institutions à la place de celles du capital. Mais dans ces conditions, objectera-t-on, pourquoi conserver des retraités ? N'auront-ils pas accompli leur mission historique ?

Je pense au contraire que l'âge politique d'une seconde carrière aura de nouvelles raisons d'imposer sa nécessité. Supposons qu'il restera fixé à 60 ans, même si l'on peut raisonnablement penser qu'il bougera un jour ou l'autre, à la hausse ou à la baisse, car un âge politique, nécessairement contingent, certes ne doit changer que rarement, mais peut le faire, comme on l'a observé en 1974 quand l'âge de la majorité a été avancé de 21 à 18 ans. Le droit à une seconde carrière, certes construit pragmatiquement comme toute institution sociale, peut trouver un autre fondement que la seule démonstration de l'efficience d'un travail libéré de la valeur travail. Un nouveau fondement à la fois social et individuel.

Le fondement individuel s'inscrit dans la continuité de l'expérience d'une grande partie des retraités jusqu'ici : chacun doit avoir l'assurance qu'à 60 ans il pourra, s'il le souhaite, réorganiser sa vie d'acteur économique, s'arrêter, changer, explorer de nouvelles pistes d'actualisation de sa qualification. La nouveauté est que ce droit sera effectivement encouragé. Mais je voudrais conclure en mettant l'accent sur le fondement *social* d'un âge politique d'entrée en retraite. Dans une société de longue vie, la gérontocratie est un danger réel, surtout dans une organisation sociale qui assure un progrès indéfini des qualifications personnelles. Il faut donc qu'à un âge donné, le même pour tous, ces qualifications prennent un nouveau cours hors de toute responsabilité opérationnelle, responsabilités dont les salariés entrant dans cette seconde carrière seront obligés de démissionner pour laisser la place à de plus jeunes. Charge à eux, libérés de ces responsabilités, d'explorer d'autres voies pour le travail, d'auditionner l'existant, de transmettre leur expérience, de systématiser les savoirs, de veiller à une appréhension moins instrumentale de l'histoire et de l'international, etc. De même que l'éducation des enfants s'enrichit d'être assumée par les seuls parents mais en lien avec des grands-parents, qui auront avec leurs petits-enfants la bonne distance, de même le travail s'enrichit d'être mené par des salariés engagés dans deux temps bien différents de leur carrière, l'un avec responsabilités opérationnelles, l'autre sans. La retraite sera toujours un laboratoire d'expérimentation sociale à grande échelle ouvrant les possibles d'un nouvel avenir du travail.

Conclusion

Ce livre a mis en lumière ce que le débat autour de la réforme des retraites laisse dans l'ombre la plus totale : les retraités et leur rapport au travail. Sur cette question, en effet, les réformateurs et leurs opposants font un constat partagé : les retraités ne travailleraient pas ; la pension serait non pas du salaire (reconnaissant donc la qualification actuelle du retraité), mais un revenu différé correspondant à des contributions passées, qui pourraient avoir perdu leur lien à la qualification et donc ne plus être strictement proportionnelles au salaire (CSG, impôt sur les revenus financiers, contribution patronale liée à la valeur ajoutée, cotisations modulées) ; les pensions relèveraient de la solidarité intergénérationnelle, les actifs finançant les inactifs, et il y aurait un problème démographique.

Ce constat partagé laisse évidemment place à des oppositions au sujet des solutions : par exemple, pour les opposants à la réforme, le problème démographique appelle un financement des pensions sur une base élargie, et non pas la baisse du taux de remplacement et l'allongement de la durée de cotisation que promeuvent les réformateurs.

Mais ces oppositions s'inscrivent dans un accord pour dénier l'essentiel, cet impensé de la retraite qui pourtant saute aux yeux dans le bonheur des intéressés : les pensions sont pour une minorité significative de retraités un salaire continué qui leur permet de déployer leur qualification personnelle en étant libérés du marché du travail (donc de l'emploi et des employeurs) et de la production de marchandises : libérés, donc, de la valeur travail, institution centrale du capitalisme.

Cette première proposition a deux conséquences fondamentales. D'une part, elle fournit la clé de compréhension de la réforme en mettant en évidence le caractère contradictoire de deux formes de répartition : le salaire continué d'un côté, et de l'autre le revenu différé doublé du revenu de solidarité. L'affrontement immédiat aux réformateurs peut alors se développer en s'appuyant sur une démarche claire en faveur de la poursuite du mouvement de continuation du salaire dans la pension. D'autre part, elle offre la voie d'un projet alternatif à la logique du capital soutenue par les réformateurs : l'attribution à tous d'une qualification personnelle soutenue par les autres institutions salariales que sont la cotisation économique pour financer l'investissement sans marché financier ni droit de propriété lucrative, et une création monétaire anticipant la production à partir des qualifications personnelles et non plus des marchandises. Il devient alors possible d'engager, contre les institutions du capital que s'efforcent d'affirmer les réformateurs, une action de promotion des institutions salariales profondément unificatrice du salariat.

En reprenant certains des développements de l'ouvrage, résumons les points essentiels de ce raisonnement en sept propositions.

1. Partir du trésor impensé des retraites.

Celles et ceux des retraités qui ont une pension proche de leur salaire et un réseau social nourri d'activités multiples n'ont, selon leurs dires, « jamais autant travaillé », et « jamais été aussi heureux de travailler ». Pourquoi ? Parce que leur travail échappe à la valeur travail. Le capitalisme est cette forme spécifique d'organisation de la production qui la mesure – qui lui donne valeur – par le temps de travail moyen nécessaire. Le travail n'a pas de valeur : il est, sous sa forme abstraite présente dans toute production, la mesure de la valeur. Seul le capitalisme mesure la production par le travail, parce qu'il s'est construit sur la base d'un rapport social abstrait : le rapport d'échange entre des vendeurs et acheteurs de « forces de travail » vouées à produire des marchandises, c'est-à-dire des biens ou services mesurés non pas par leur utilité, mais par la quantité de travail abstrait qu'ils incorporent. Le marché du travail définit les individus comme forces de travail « demandeuses d'emploi » qui ne peuvent être mises en œuvre qu'à l'initiative d'employeurs selon la logique de la valeur travail pour la production de marchandises. Pour qu'il y ait profit, il faut que tout, travailleurs et produits, soit transformé en marchandise, et que ce soit donc le dénominateur commun à ces marchandises, à savoir le temps de travail abstrait nécessaire à leur fabrication, qui devienne la mesure de toute chose. D'où la dictature du temps de travail que va introduire la compétition intercapitaliste. L'organisation de la production sur la base d'une telle abstraction est marquée par une contradiction essentielle : elle s'émancipe des modalités traditionnelles du travail, ce qui est la source d'une dynamique infinie dans la production de marchandises, tandis que se creusent les effets de l'exploitation de producteurs dépossédés de leurs capacités créatrices et voués à produire des marchandises qui leur échappent. Aujourd'hui, nous sommes bien plus riches qu'il y a quarante ans (le PIB a doublé en euros constants), mais nous vivons bien plus mal cette dimension décisive de notre existence qu'est le travail. Le constat d'une consommation plus large ne compense plus l'expérience amère de l'incertitude, du désintérêt, du mépris et de la fatigue au travail, d'autant que le doute s'est installé sur la consommation de produits dont le caractère toujours plus marchand altère la qualité ou la finalité.

Bref, les apories d'une production dynamique qui mutile les personnes et dévoie les produits sont en train d'éclater au grand jour. Or, le bonheur au travail des retraités est que, précisément, dotés de l'assurance d'un salaire à vie, ils travaillent libérés du joug de la valeur travail. Cette expérience est massive, mais non dite dans l'espace public : nombre de retraités la vivent même comme un privilège dont ils sont gênés quand ils comparent leur bonheur au travail et le malheur au travail de tant d'« actifs ». Il importe que ce bonheur privé devienne public, en démontrant que ce que vivent les retraités au travail peut devenir le fait de tous.

2. Les deux formes contradictoires de régimes de pension en répartition.

Il y a deux formes contradictoires de régimes de retraite en répartition, le régime salarial et le régime de prévoyance. La pension comme continuation du salaire (régime salarial) repose soit sur le maintien de la qualification personnelle du fonctionnaire dans son « traitement continué », soit sur l'attribution au retraité du privé de la qualification moyenne de ses meilleurs emplois : elle pose les personnes comme des salariés dotés d'une capacité à produire. Au contraire, la pension comme revenu différé (régime de prévoyance) repose sur des droits proportionnels aux cotisations de la carrière avec un pouvoir d'achat garanti : elle pose les personnes comme des employables dotés d'une capacité de gain.

Le cœur de la réforme des retraites vise à passer de la première à la seconde forme de répartition. Elle dispose pour cela de trois leviers : le gel des taux de cotisation, l'indexation sur les prix et la montée de la contributivité entendue dans le sens de la « neutralité actuarielle individuelle » (pour chacun, le total des cotisations de la carrière doit être égal au total des pensions). Une cotisation dont le taux est stabilisé sur le long terme fonde en répartition, selon un calcul strictement contributif, une pension dont le pouvoir d'achat est garanti par son indexation sur les prix : ce sont là les trois caractéristiques d'un revenu différé. Et le revenu différé ne va jamais seul : ses promoteurs savent bien que, fondé sur un calcul individuel sans règles de compensation (comme des validations de trimestres sans cotisations) et tenant compte des périodes de très faible salaire dans les carrières professionnelles, il laisse sans ressources suffisantes tous ceux et surtout toutes celles qui n'ont pu se constituer un compte de cotisations suffisant. C'est pourquoi la promotion de la neutralité actuarielle est toujours doublée d'un plaidoyer pour une large solidarité nationale finançant, à côté du revenu différé, un « minimum contributif » garanti et des « prestations non contributives » (minimum vieillesse, bonifications pour enfants). Le discours réformateur se présente ainsi avec la double vertu de la justice de prestations strictement contributives et de la solidarité avec les « pauvres ». Mais cette justice et cette solidarité sont une régression considérable si on les compare au salaire continué.

Régression en matière de justice d'abord. Faire de la pension la contrepartie du passé de mes cotisations, et donc de mon travail subordonné, et non de l'actualité de ma qualification (et donc de mon travail émancipé) suppose et conforte le marché du travail, l'emploi, la marchandise, la subordination et la propriété lucrative. Nié dans sa qualification de producteur, l'employable prévoyant est maintenu comme un mineur économique, en permanence à la merci de l'employeur qui le pose comme titulaire d'un gagne-pain dont il tire un revenu. La prévoyance est ce qu'il reste lorsqu'on a déshabillé le salarié de l'essentiel, sa qualification. La multiplication des comptes notionnels s'impose alors pour assurer une sécurité et une capacité de rebondir à un travailleur placé, y compris à l'intérieur de son entreprise, sur un marché du travail qui le soumet en permanence au soupçon de distance à l'emploi qu'il occupe ou auquel il postule.

Le régime salarial est au contraire porteur de l'attribution d'une qualification à chaque personne, sans exception sous quelque prétexte que ce soit, avec poursuite indéfinie du salaire. La contribution de chacun à ses ressources repose non pas sur sa capacité à épargner une partie des gains acquis comme force de travail (la « contributivité » des réformateurs), mais sur sa capacité à participer à la définition des objets d'un travail libéré de la marchandise et de la valeur travail. Son rapport à l'avenir repose alors sur l'entretien de sa qualification et non sur un patrimoine susceptible de fournir un revenu alternatif à la rémunération des emplois : en effet, la distinction entre emploi et hors emploi, constitutive du binôme rémunération-prévoyance, est dépassée dans le continuum de la qualification. Il s'agit là de nouveaux continents du déploiement de la personnalité humaine à découvrir. À l'inverse, le régime de la prévoyance nous enferme dans le passé capitaliste.

Régression en matière de solidarité ensuite. L'invitation à la solidarité avec des personnes victimisées est sans doute une des dimensions les plus perverses de la réforme. En posant des personnes comme « pauvres », « victimes » ayant droit à la solidarité, elle naturalise la disqualification des producteurs inhérente au capitalisme. Le capitalisme fait de l'actionnaire et du « dirigeant de grand talent » qu'il a mis à la tête de l'entreprise les seuls acteurs, les seuls sujets de la production. Les salariés sont des mineurs sociaux réduits au statut de victimes s'ils ne parviennent pas à conserver leur employabilité : victimes des inévitables suppressions d'emplois et des non moins inévitables délocalisations, victimes d'une formation insuffisante, victimes de la crise. Tant de victimes ont droit à la solidarité nationale, responsabilité des pouvoirs publics. Le couple actionnaire-victime est ainsi en permanence réactivé, naturalisé, parce qu'il est indispensable au maintien des institutions du capital. Il n'y a pas de possibilité d'un droit de propriété lucrative ou de tyrannie de la valeur travail sans déni – qui définit précisément la victime – du droit de la qualification au cœur du salaire. Alors qu'au contraire la solidarité salariale repose sur la promotion de la qualification pour tous, fondatrice d'une solidarité entre égaux : non pas celle des prévoyants vers ceux qu'ils vont qualifier de pauvres, mais celle de la délibération politique dans l'attribution de la qualification à chacun et dans le souci de son exercice effectif.

3. Ce qu'il faut récuser en matière de retraite.

Il importe donc de travailler à la disparition de tout ce qui, dans les régimes de retraite, fait obstacle à la poursuite du salaire et appuie le binôme revenu différé-solidarité nationale : la stabilité, voire le recul pour les bas salaires, du taux de cotisation ; l'indexation sur les prix des salaires pris en compte pour le calcul de la pension et des pensions liquidées ; l'inscription des cotisations dans des comptes individuels comme à l'Arrco et à l'Agirc ; le déplacement de l'objectif gestionnaire du taux de remplacement du meilleur salaire vers le taux de rendement des cotisations ; la distinction entre la part contributive et la part non contributive de la pension ; la CSG et le fonds de solidarité vieillesse, le minimum contributif, la mise en cause des bonifications pour enfants et de la réversion ; la neutralité actuarielle individuelle comme idéal de justice avec la référence de la pension à l'ensemble de la vie active et non au seul meilleur salaire ; l'abandon de l'âge légal (sauf comme âge plancher à reculer au-delà de 60 ans) et l'allongement de la durée de cotisation, les décotes et surcotes ; la distinction entre pension publique et pension professionnelle, l'épargne salariale.

4. Ce qu'il faut proposer en matière de retraite.

Outre la hausse des salaires, génératrice de recettes supplémentaires, le volet positif des propositions devrait avoir deux axes :

— promouvoir l'affirmation de la pension comme salaire continué dans les régimes actuels : pas de pensions inférieures au smic, indexation sur les salaires, augmentation annuelle du taux de cotisation patronale (et salariale, mais uniquement si le salaire brut est augmenté à proportion), calcul de la pension nette sur la base de 100 % du meilleur salaire net pour une carrière complète de 150 trimestres validés, liquidation sans décote de la retraite à 60 ans ou le jour de la cessation d'activité s'il est postérieur (ou antérieur à 60 ans pour les travaux pénibles) ;

— pousser à une politique de soutien de la qualification personnelle des retraités dans la sphère publique et pas seulement privée, collectivement et pas seulement individuellement : soutenir leurs réseaux de pairs, les aider à définir des objets de travail, à constituer ou à rejoindre des collectifs de travail, financer des projets. Il s'agit d'encourager les retraités à faire entreprise et à inventer ainsi les chemins nouveaux d'une production libérée de la valeur travail. Une telle responsabilité est certes très heureuse, mais a besoin d'un dispositif politique pour pouvoir s'exercer, dont les droits liés à un âge politique sont un élément décisif : 60 ans, l'âge d'entrée en retraite, doit devenir un âge politique.

5. Une revendication unitaire : la qualification personnelle pour tous.

La liberté et le bonheur des retraités au travail doivent devenir le fait de tous ceux qui sont au travail, et c'est d'ailleurs la condition de leur maintien chez les retraités eux-mêmes. À leur exemple, la qualification personnelle doit remplacer l'emploi comme support des droits sociaux et économiques. On mesure combien cette proposition et la précédente réévaluent le rôle des retraités, ce qui suppose de s'appuyer fermement sur leur statut de salarié pour en finir avec leur traitement comme « seniors », préconisé, lui, par les réformateurs.

La qualification personnelle, nouveau support des droits aujourd'hui inscrits dans l'emploi, est un droit collectif, tout comme les pensions, dont le montant est personnel, sont un droit collectif. Elle est déjà anticipée chez les retraités et dans la fonction publique. Elle sera attribuée à toute personne, par exemple dès la fin du lycée, et elle progressera sans ruptures ni reculs jusqu'à sa mort. Elle a quatre composantes indissociables :

— l'attestation (non scolaire) de la maîtrise d'un ensemble de capacités transversales à plusieurs métiers appartenant aux champs correspondant, par exemple, aux six ou sept conventions collectives interprofessionnelles en débat aujourd'hui (communication, éducation et culture, énergie, transports...) pour dépasser l'émiettement conventionnel ;

— un niveau de salaire correspondant au niveau des capacités reconnues ; par exemple, dans une hiérarchie des qualifications de 1 à 4 correspondant à une échelle des salaires de 1 à 5, un premier niveau de qualification avec un salaire démarrant à 2000 euros nets par mois, un deuxième niveau avec un salaire démarrant à 4000 euros, un troisième niveau au salaire de départ de 6000 euros, et un quatrième niveau au salaire de départ de 8000 euros, pour une hiérarchie salariale allant de 2000 à 10000 euros nets ;

— un réseau de pairs pour rester en permanence socialisé dans le champ de la qualification dont on est titulaire ; par exemple, une association professionnelle, un réseau d'acteurs locaux, un réseau international de spécialistes, qui sont le support d'échanges, de services, d'édiction de règles d'exercice et de leur contrôle, de mutualisation d'outils, de formation, de valorisation d'activités individuelles des membres ;

— le droit à une institution représentative pour faire valoir ses droits au respect et à la progression de sa qualification.

On mesure combien une telle proposition est créatrice d'égalité : elle supprime le marché du travail et donc la subordination de demandeurs d'emploi à des employeurs, elle fait accéder toute personne au statut commun de titulaire d'une qualification et du salaire qui lui est lié. Elle unifie par le haut les revendications des retraités, des étudiants, des fonctionnaires, des chômeurs, des intermittents du spectacle, des salariés du privé, dont ceux des très petites entreprises et de tous les déserts syndicaux, des travailleurs indépendants. En particulier, elle permet de mener une action de promotion de la fonction publique en revendiquant l'extension à tous les salariés de la distinction entre grade et poste, ce qui veut dire, pour tous, la reconnaissance de la qualification, l'absence de chômage, la maîtrise individuelle de la mobilité. Tant il est vrai que c'est la production de tous les biens et de tous les services qui mérite d'être assurée par des salariés libérés de l'emploi et de la marchandise !

6. Les autres institutions salariales : monnaie, investissement.

La logique salariale de la qualification des personnes doit pouvoir s'appuyer sur la transformation, dans une logique salariale, des deux institutions majeures aujourd'hui assumées dans une logique capitaliste : la création monétaire et l'investissement.

Comme la monnaie n'est créée qu'à l'occasion du prix attribué aux marchandises des entreprises capitalistes (par le jeu des anticipations de ce prix par les banques quand elles prêtent aux entreprises), la monnaie qui mesure la valeur de la richesse créée par les retraités transite par ces marchandises, et donc un flux monétaire passe des titulaires d'emploi du secteur capitaliste vers les pensionnés à travers la cotisation vieillesse. Mais il ne s'agit pas d'un transfert de valeur : ce sont bien les retraités qui produisent la richesse à laquelle est attribuée la valeur correspondant à leur qualification. Les pensions montrent la fécondité d'une possible création monétaire qui anticiperait le produit du travail en évaluant les qualifications personnelles et non pas les marchandises. La création monétaire est toujours affaire d'anticipation de ce qui va être produit. Plutôt que d'anticiper, pour créer de la monnaie, le produit du travail et pire encore son seul produit marchand, depuis la funeste réaction monétariste des années 1980 dont nous payons si lourdement aujourd'hui les conséquences, pourquoi ne pas anticiper la production à partir de la capacité des individus à créer de la richesse telle qu'elle est mesurée par la qualification ? La force de rappel qu'est la création monétaire serait mise au service du déploiement des qualifications personnelles, et donc d'un travail émancipé.

La propriété lucrative, quant à elle, est défendue par les réformateurs au nom de l'investissement, qui suppose, disent-ils, des investisseurs. Or, un investisseur n'« apporte » rien, sinon des titres de propriété lucrative qui vont lui donner le droit de ponctionner sur la valeur de la production contemporaine l'argent nécessaire à la viabilisation du terrain, à l'immeuble, à l'achat des machines, etc. Cette ponction l'autorise à transformer les producteurs ainsi expropriés en forces de travail et à les contraindre à produire les marchandises qu'il a décidé de produire, bref, à travailler sous le joug de la valeur travail. Un investisseur nous vole et nous aliène dans la même opération. Or, nous bénéficions, dans l'expérience réussie de la cotisation vieillesse, d'une anticipation massive de l'intérêt qu'il y a à se passer d'investisseurs pour investir. S'il est possible de financer la pension au plus grand bénéfice des régimes et des pensionnés sans aucune logique d'épargne et de prêts, il est possible de financer l'investissement de la même façon en affectant une cotisation économique au salaire (de l'ordre de 35 % du salaire brut), prélevée sur la valeur ajoutée comme les cotisations sociales ou le salaire direct. Cette cotisation serait collectée par des caisses d'investissement qui financeraient sans taux d'intérêt, puisqu'il n'y aurait pas d'accumulation privée du capital. Accumulation financière, crédit bancaire, prêt à intérêt, Bourse, toutes ces institutions peuvent être remplacées en transposant pour le financement de l'investissement l'expérience de la cotisation sociale, ce qui est évident puisque tout investissement est financé sur la production courante. La cotisation sociale a débarrassé notre quotidien individuel des usuriers, la cotisation économique débarrassera notre quotidien collectif de la Bourse et des banquiers.

7. Faire advenir le salariat.

La pension comme salaire continué est une institution salariale. Elle démontre que nous pouvons produire libérés du marché du travail, des employeurs et donc des emplois, de la marchandise et de la valeur travail ; que nous pouvons investir libérés des investisseurs, de la Bourse et des banquiers ; et que nous pouvons libérer la création monétaire du carcan des marchandises et la fonder sur la qualification des personnes. Ce remplacement des institutions du capital par les institutions salariales est nécessaire pour sortir de la crise, qui tire son origine du pillage salarial des dernières décennies. Le salariat sera précisément non pas l'addition des salariés, comme le veut une acception courante de médiocre intérêt, mais l'ensemble affirmé des institutions salariales, si elles parviennent à se substituer à celles du capital. Avec le salariat, nous nous inscrivons ainsi dans une tout autre perspective que le plein-emploi. La qualification et donc le salaire ne doivent plus dépendre des décisions d'employeurs sur un marché du travail. Vaincre la réforme ne se fera pas dans le retour à un vrai plein-emploi, mais par la promotion d'une pleine qualification.

Il ne s'agit donc pas d'abord de sécuriser la condition des travailleurs. Ce vocabulaire de la sécurité a intériorisé le fait que, dans le capitalisme, les travailleurs sont des mineurs sociaux: ils sont récusés comme étant les producteurs, et ils ont droit non pas à la direction de l'économie mais seulement à la sécurité du revenu et de l'emploi. La crise fait la démonstration de l'incapacité des détenteurs du capital à assumer la société dans son ensemble en portant l'intérêt général. L'enjeu des retraites, c'est précisément de sortir de la revendication de sécurité du revenu et de l'emploi pour promouvoir une nouvelle figure du travailleur en mesure de soutenir notre aspiration commune à diriger l'économie pour sortir de l'économisme de la valeur travail. C'est-à-dire un salarié titulaire à partir de 18 ans d'un salaire à la qualification à vie et qui trouve les appuis institutionnels lui permettant d'exercer en permanence sa qualification dans des entreprises parce que sa compétence est pleinement reconnue, son salaire, assuré, son insertion dans un réseau de pairs, vivante, son recours à des institutions représentatives, possible.

La qualification est ainsi un attribut politique qui enrichit la citoyenneté, au même titre que le droit de vote. Tout comme le suffrage universel a ouvert à chacun l'âge de la majorité politique et fondé un premier stade de la citoyenneté, la qualification universelle ouvrira à chacun l'âge de la majorité salariale et fondera une extension qualitative de la citoyenneté.

Table des matières

Achevé d'imprimer en septembre 2010
pour le compte de La Dispute
sur les presses de la Nouvelle Imprimerie Laballery
58500 Clamecy

Dépôt légal : septembre 2010
Numéro d'imprimeur : 009003